EXERCICES

ÉLÉMENTAIRES & ORTHOGRAPHIQUES

EXERCICES

ÉLÉMENTAIRES ET ORTHOGRAPHIQUES

MIS EN RAPPORT

AVEC LA GRAMMAIRE ÉLÉMENTAIRE

PAR

ABEL FABRE.

SEPTIÈME ÉDITION

A. F.

LYON-VAISE

GAY, LIBRAIRE-ÉDITEUR, RUE St-PIERRE-DE-VAISE, 7

1874

OUVRAGES CLASSIQUES DU MÊME AUTEUR :

MÉTHODE SIMPLIFIÉE ou la Lecture apprise en deux mois. Elle se compose de 10 Tableaux vendus en feuilles ou collés sur carton. — En feuilles, 1 fr. 50; sur carton, 5 fr.

A. B. C. reproduisant les Tableaux et renfermant un grand nombre d'Exercices de lecture courante.

GRAMMAIRE élementaire et orthographique.

EXERCICES gradués mis en rapport avec la grammaire élémentaire et orthographique.

COURS NOUVEAU ET COMPLET de Dictées graduées accompagnées des *Exercices élémentaires et orthographiques*, du *Corrigé* de ces Exercices et de *Principes et Modèles d'analyses grammaticales* (quatre livres en un seul), prix, cart. . . . . 1 fr. 50

LE MÊME, augmenté des *Exercices syntaxiques et du Corrigé* (six livres en un seul), prix, cart. . . . . 2 fr. 50

GRAMMAIRE élémentaire, orthographique et syntaxique, ou *Grammaire complète.*

EXERCICES élémentaires, orthographiques et syntaxiques mis en rapport avec la grammaire complète.

FABLES morales et chrétiennes à l'usage des Maisons d'éducation et des Ecoles primaires, 4e édition.

S'adresser à E. GAY, *libraire-éditeur, rue Saint-Pierre-de-Vaise, 7, Lyon-Vaise (Rhône). — Toute demande doit être accompagnée d'un mandat, ou de timbres-poste si la somme n'excède pas un franc. — On expédie* franco.

Lyon. — Imprimerie X. JEVAIN, rue Sala, 42 et 44.

EXERCICES

SUR LA GRAMMAIRE FRANÇAISE.

DU GENRE ET DU NOMBRE DES NOMS.

1. *Transcrire les mots qui suivent, en les faisant précéder des mots* un *ou* une. (GRAMM. n° 37.)

Plume, jeudi, médecin, source, vice, fabrique, péché, mer, vautour, muraille, rue, nation, herbe, crime, vertu, village, chien, pain, redingote, religion, orteil, tabouret, bœuf, châtaigne, artisan, bibliotheque, sacristie, nappe, artichaut, ordre, souci, ortie, sangsue, abeille, éléphant, escargot, église, oncle, boue, horloger, plomb, pie, erreur, banquier, grenier, cahier, violette, luzerne, allée, printemps, levain, comptoir, gibier, arrosoir, espace, guèpe.

2. *Transcrire les noms qui suivent, en les faisant précéder des mots* un *ou* une. (GRAMM. n° 37.)

Temple, emploi, parapluie, orange, image, épi, courroie, salle, serrure, charrue, année, mois, voix, loi, soie, coup, courroux, joue, anneau, parc, cité, doigt, baptême, zèle, atmosphère, hémisphère, vêtement, science, génie, fatigue, épée, éloge, rocher, chandelle, hirondelle, pied, fagot, incendie, poids, flamme, poix, fraude, plaine, envie, reflexion, encre, dette, cerf, bélier, obstacle, omnibus, mystère, aumône, ouvrage, intervalle, emplâtre, orage, physique, épitaphe, pluie, roue, haie, encensoir.

3. *Transcrire les mots qui suivent, en les faisant précéder des mots* la, le *ou* l'. (GRAMM. n° 37.)

Papillon, renard, colombe, encan, hameau, charron, sac, sculpteur, jambon, achat, tisserand, saut, charlatan, étang, écaille, fantaisie, entorse, avenue, route, statue, anguille, appui, poulie, saignée, araignée, trottoir, ligne, semaine, pigeon, pomme, armoire, éclair, fraise, navet, froment, volume, écorce, canne, presbytère, tronc, économie, pavot, mission, nation, champ, banc, bracelet, lettre, embarras, sabot, portier, place, monument, honneur.

4. *Transcrire les mots qui suivent, en les faisant précéder des mots* la, le *ou* l'. (GRAMM. N° 37.)

Etoile, personne, gouffre, front, corps, pied, plat, idée, hypocrisie, vie, alouette, timbale, terrain, humeur, conseil, climat, figue, fruit, écrivain, édifice, étui, soirée, cravate, conte, guerre, operation, ceinture, ciel, ange, leçon, huile, cœur, mulet, menteur, menton, voyelle, récit, arche, treille, enfance, innocence, ampleur, odeur, parfum, trésor, sort, mort, vis, étape, concierge, compliment.

5. *Transcrire les noms ci-dessous, en faisant suivre les noms singuliers de l'abréviation* s, *et les noms pluriels de l'abreviation* p. (GRAMM. N° 39.)

Les jardiniers, des œillets, ces soldats, mes armes, ces écailles, mon linge, des grappes, cette récolte, un dahlia, ce programme, cette circulaire, l'ongle, les vendanges, la craie, les sottises, un ennui, un tissu; ces opprobres, cet office, cette malice, un orifice, son orgueil, ses ouvrages, cette éponge, tes difficultés, cette fumée, ses espérances, cette oie, une imprimerie.

6. *Transcrire les noms ci-dessous, en faisant suivre les noms singuliers de l'abréviation* s, *et les noms pluriels de l'abréviation* p. (GRAMM. N° 39.)

Cette hauteur, une nuée, les vacances, mes combats, ta cheminée, des boulons, une vallée, sa science, tes coquillages, cette sauce, des serpents, ce sifflement, le rail, un aboiement, des penchants, l'esprit, une opinion, un essai, l'honneur, cette houille, l'usine, ces machines, tes échecs.

FORMATION DU PLURIEL DANS LES NOMS.

1. *Copier les noms qui suivent, et mettre chacun de ces noms au pluriel.* (GRAMM. nos 41 et 42.)

La vertu, un ami, cet enclos, mon père, cette circonstance, le grabat, un calendrier, ce loup, mon billet, ma portion, ce fusil, un compas, une raison, mon bras, ce discours, un procès, la victoire, du bruit, un changement, un dais, le surplis, un début, ma cravate, cette action. ce marron, un circuit, ce viaduc, l'aqueduc, le prospectus, le secret, un sifflet.

2. *Copier les noms qui suivent, et mettre chacun de ces noms au pluriel.* (GRAMM. nos 41 et 42.)

Ton oncle, ce champ, la joie, une toupie, le froid, une expédition, un arrangement, mon voisin, son intérêt, cette convention, ce polisson, cet empire, son livre, le succès, un procès, un géant, ce puits, l'enfer, la mer, l'eau, l'auditeur, un progrès, ce projet.

3. *Copier les noms qui suivent, et mettre chacun de ces noms au singulier.* (GRAMM. nos 41 et 42.)

Des portes, des violettes, ces ennuis, vos oncles, des harpes, ces cabinets, tes idylles, tes histoires, ces colimaçons. les batailles, ces cahiers, nos vêtements, des vignes, ces bancs, nos rangs, vos bras, les échos, des héros, des conquêtes, ces tempêtes, ces peintres, vos regards, tes écarts, des maladies, ces chapelles, vos draps, vos soins, ses efforts, ses peines, ses confidences, ces officiers, des propos, des scandales, les Anglais.

4. *Copier les noms qui suivent, et mettre chacun de ces noms au singulier.* (GRAMM. nos 41 et 42.)

Des airs, ces fourmis, les surplis, ces patois, les pays, les ouvroirs, tes verrues, ces sillons, des affronts, les entraves, mes phrases, ces rubans, des verres, les balais, ces individus, ces échansons, mes robes, tes vertus, ces habits, vos chapelets, vos ressources, mes intentions, ses chaussons, les éperons, des fleurs, des températures, des climats, les vents, mes chantres, mes appuis.

5. *Transcrire les noms qui suivent, et mettre chacun de ces noms au singulier.* (GRAMM. N°s 41 et 42.)

Des martyrs, des brebis, des chevaux, des puits, des flambeaux, des clous, des genoux, des héros, des choix, des lionceaux, des tuyaux, des aveux, des débris, des échalas, des lambris, des engrais, des voix, des lis, des nez, des remords, des crucifix, des abus, des souris, des moineaux, des sabots, des veaux, des discours, des procès, des époux, des rabais, des adieux, des jeux, des châteaux, des écriteaux, des fardeaux, des cailloux, des hiboux, des trous, des clous, des sous, des loups, des choux, des fous, des perdrix.

6. *Transcrire les noms qui suivent, et mettre chacun de ces noms au pluriel.* (GRAMM. N°s 41 et 42.)

Un abus, un repas, un bureau, un chameau, un coteau, une voix, une noix, une croix, un cadenas, un lambris, un pou, un genou, un vœu, un lieu, un bijou, un caillou, un joujou, un pinceau, un marteau, un tuyau, un landau, un vaisseau, un cheveu, un feu, un essieu, un sceau, un velours, un dos, un refus, un mois, un palais, un étui, une vis, un cyprès, un abricot, une toux, une prise, un villageois, un copeau.

7. *Transcrire les noms ci-dessous, et les mettre au singulier.* (GRAMM. N°s 41 et 42.)

Les joujoux des enfants ; les frimas des hivers ; les ruses des filous ; les plumes des oies ; les sous des pauvres ; les clous de mes sabots ; les bois de ces arbrisseaux ; les peaux des blaireaux ; les remords des criminels ; les écales des noix ; les riz des chinois ; les hiboux des châteaux ; les oasis des déserts ; les vœux des religieux ; les fureurs des fous ; les rameaux des bambous ; les pinceaux des dessinateurs ; les croûtes des gâteaux.

8. *Transcrire les noms ci-dessous, et les mettre au pluriel.* (GRAMM. N°s 41 et 42.)

Le manteau de la sentinelle; le cadenas de la porte; le rideau de la fenêtre; l'eau de ce puits; l'adieu du neveu; le prix du bijou; le bruit du verrou; le coup du marteau; la vis de la machine; le trou du plancher; la voix du corbeau; le gluau de l'oiseleur; le chant du coucou; l'ecale de la noix; le caillou du ruisseau; le moyeu de la roue; l'essieu du tombereau; le feu du fourneau; le cadeau de l'époux.

9. *Transcrire les noms qui suivent, et mettre chacun de ces noms au singulier.* (GRAMM N°s 42 et 43.)

Les canaux, les soupiraux, les coquelicots, les carnavals, les soldats, les caporaux, les manteaux, les détails, les journaux, les yeux, les travaux, les étaux, les cheveux, les anneaux, les procès. les rhinocéros, les minéraux, les éventails. les puits, les chacals, les signaux, les hôpitaux, les bals, les quintaux, les arsenaux, les généraux, les chevaux, les bateaux, les régals, les poitrails, les épouvantails, les aïeux, les vieux.

10. *Transcrire les noms qui suivent, et mettre chacun de ces noms au pluriel.* (GRAMM. N°s 42 et 43.)

Le ruisseau. le chapeau, le verrou. le sou, le métal, le tribunal, le cristal, le bocal, la souris, le lynx, le bouc, l'anchois, le courroux, le soupirail, l'émail, l'œil, le gueux, le travail, la haie. l'hébreu, l'œuf, le cri, le convoi, la noix, l'amiral, le carnaval, l'attirail, l'adieu, le coucou. le chou, le cabas, l'abus, le total, le bail, le vernis, le cou, le tonneau, le décès, le bambou, le journal, l'agneau.

11. *Transcrire les noms ci-dessous, et les mettre au singulier.* (GRAMM. N°s 42, 43 et 44.)

Les bois des noyers; les portes des écuries; les hôpitaux des fous; les socs des charrues; les cercles des tonneaux; les semelles des souliers; les pieds des chevaux; les noyaux des pruneaux; les maux des genoux; les poitrails des bœufs; les procès-verbaux des gendarmes; les eaux des puits; les joies des cieux; les cosses des pois; les détails des histoires; les devis des charpentiers; les chapeaux des cardinaux; les crins des matelas.

12. *Transcrire les noms ci-dessous, et les mettre au pluriel.* (GRAMM. N°s 42, 43 et 44.)

Le trou du plancher; le marteau du maréchal; le boyau du chat; le galon du chapeau; la folie du carnaval; le canal de la province; la beauté du tableau; le feu du fourneau; le bétail du fermier; le feu du fanal; le bonbon du bocal; l'œil de l'animal; la victoire du général; le jeu de l'enfant; le poitrail du bœuf; le régal de l'enfant; le ciseau du maçon; la selle du cheval; le rabot du menuisier; le marteau du forgeron; la charrue du laboureur; le gouvernail du vaisseau; l'amiral de la flotte; le gluau du chasseur; l'enclos du château; le licou du cheval.

13. *Transcrire les phrases suivantes, en plaçant devant chacun de ces noms l'article* le, la, l' *ou* les. (GRAMM. N°s 41, 42, 43 et 44.)

Chevaux, heure, hoquet, grenouilles, crimes, vertu, éloges, hyène, regrets, soupiraux, carnaval, choux, gluaux, hangar, hochet, eaux, hérésie, fantaisie, hamac, envie, huître, air, hallebarde, habitudes, cieux, habit, herbe, œufs, tribus, poules, voleur, volière, cous, joue, portail, enjeux, argent. corbeaux, vitraux, amitié, fusils, flambeaux, astre, écot, idole, encrier, dépôt, levraut, genoux.

14. *Transcrire les phrases suivantes, en mettant au pluriel les noms qui sont au singulier, et au singulier ceux qui sont au pluriel.* (GRAMM. N°s 41, 42, 43 et 44.)

Le puits de la terrasse; les pierres des carrières; le crucifix du parvis, le cyprès du marais; les choux des jardins; l'agneau du troupeau; les cailloux des chemins; le nid de l'oiseau; les perdrix des coteaux; l'enjeu de la partie; le chant du coucou; les prix des bijoux, le mensonge du marchand; les créneaux des tours; le journal du libraire; la bosse du chameau.

DE L'ARTICLE.

1. *Transcrire les noms qui suivent, en plaçant devant chacun de ces noms l'article* le *ou* la *ou* l'. (Gramm. nos 46, 48, 49 et 50.)

Harmonie, œil, école, clocher, voix, science, apparence, recette, hanneton, silence, sauce, bosse, cheminée, fruit, huile, hangar, éclair, usine, houille, hasard, histoire, déboire, herbe, dinde, oie, essai, horloge, hiver, office, orgueil, âge, poing, ombrage, adieu, auteur, lenteur, ciel, haie, hareng, hauteur, abbaye, éventail, sol, soc, apostrophe, hotte, halte, entrevue, écueil, orange, Anglais, cerf, chevreuil, abeille, crapaud, âne, geai, opinion, éclat, étape, visage.

2. *Transcrire les phrases suivantes, et remplacer chaque tiret par l'article que demande le sens.* (Gramm. nos 46, 48, 49 et 50.)

Dieu créa par sa parole — ciel et — terre; — soleil — lune — étoiles et tous — astres — firmament. — ordre et — propreté sont — qualités qu'on ne saurait trop recommander — enfants. — cloches — hameau appellent — paysans à l'église. Celui qui donne — pauvres place son argent dans — ciel. — cultivateur diligent part — champs à la pointe — jour. — Egyptiens rendaient — honneurs divins — bœufs — chats et — autres animaux. — empreinte — doigt de Dieu se reconnaît dans tous — ouvrages de — nature.

DE L'ADJECTIF.

1. *Transcrire les mots qui suivent, en soulignant les adjectifs qualificatifs.* (Gramm. nos 53 et 54.)

La lourde charrette, les roseaux flexibles, la chair molle, l'enfance naive, l'ami indiscret, les batailles sanglantes, un langage grossier, une seule personne, la rencontre fâcheuse, une idée heureuse, le bon sens, les arbres touffus, un écolier étourdi, le haut clocher, le devoir correct, la nouvelle erreur, un grand obstacle, des ânes retifs, des pommes pourries.

2. *Tanscrire les mots qui suivent, en soulignant les adjectifs qualificatifs.* (GRAMM. N°s 53 et 54.)

L'histoire vraie, la vie courte, la vieille tour, l'ombrage délicieux, la robe neuve, les bons sentiments, la belle étoffe, l'enfant paresseux, le fruit succulent, le coq superbe, l'étroit chemin, l'écolier attentif, le tigre féroce, l'osier flexible, les lourds fardeaux, cet enfant jaloux, cette journée chaude, un gros tronc, un poulet gras, des bijoux précieux, un ruban violet, un discours flatteur, un léger détail, un singulier costume, une blouse bleue, le bois touffu, la douce gaîté, le bon appétit.

3. *Transcrire les mots qui suivent, en remplaçant le tiret par le féminin de l'adjectif demandé.* (GRAMM. N° 59.)

Le gazon vert, la pelouse — ; le bois touffu, la forêt — ; le crêpe noir, la dentelle — ; un garçon docile, une fille — ; un esprit tranquille, une vie — ; un verre plein, une tasse — ; un fruit succulent, une pêche — ; le prompt secours, l'assistance — ; le serviteur zélé, la nourrice — ; un air malsain, une habitation — ; le fruit cru, la viande — ; un melon excellent, une orange —.

4. *Transcrire les mots qui suivent, en remplaçant le tiret par le féminin de l'adjectif demandé.* (GRAMM. N° 59.)

Un livre nouveau, une brochure — ; le gros chien, la — mouche ; un souvenir confus, une idée — ; un discours exact, une recherche — ; un livre païen, une fête — ; un mal feint, une maladie — ; le village voisin, la commune — ; un bel édifice, une — église ; un temps frais, une matinée — ; un cruel accident, une action — ; un ton bref, une parole — : un vieux cheval, une voiture — ; un nouveau livre, une méthode — ; un drap grossier, une étoffe — ; un beau jardin, une — promenade ; un billet faux, une piece — ; du beurre mou, une poire —.

5. *Transcrire les mots ci-dessous, en remplaçant le tiret par le masculin de l'adjectif demandé.* (GRAMM. n° 59.)

Une monture lasse, un voyageur — ; une figure maligne, un air — ; une jument fougueuse, un cheval — ; une hyène cruelle, le tigre — ; une peau délicate, un travail — ; une odeur bonne, un — goût; une action vilaine, un — propos ; une sœur taquine, un frere — ; l histoire vraie, le récit — ; une parole nette, un terrain — ; une eau fraîche, un caveau — ; une fleur cueillie, un fruit —.

6. *Transcrire les mots ci-dessous, en remplaçant le tiret par le masculin de l'adjectif demandé.* (GRAMM. n°s 59, 60 et 61.)

Une étoffe épaisse, un voile — ; une figure douce, un caractère — ; une vache grasse, un bœuf — ; une famille chrétienne, un enfant — ; une figure fraîche et vermeille, un teint — et — ; un joie maligne, un esprit — ; une personne flatteuse, un courtisan — ; une belle parure, un escalier ; — une intention criminelle, un projet — ; une forme aérienne, un son — ; une fleur violette, un ruban — ; une cabane chétive, un réduit — ; la foudre vengeresse, un bras —.

7. *Transcrire les mots suivants, et remplacer le tiret par l'adjectif indiqué mis en accord avec le nom qu'il qualifie.* (GRAMM. n°s 60, 61, 62, 63 et 64.)

Un cheval fougueux, une jument — ; l'école publique, le jardin — ; le vaisseau turc, l'ambassade — ; une maison contiguë, un mur — ; la bière mousseuse, le vin — ; un beau papillon, une — fleur ; le chapeau gris, la redingote — ; le cri aigu, la voix — ; l'aliment sain, la boisson — ; une tierce personne, le — ordre.

8. *Même exercice sur les mots qui suivent.* (GRAMM. n°s 60, 61, 62, 63 et 64.)

Un langage menteur, une parole — ; une toile rousse, un coton — ; le houx piquant, une raillerie — ; une science courte, un bâton — ; une musique expressive, un mouvement — ; un serviteur actif, une personne — ; une déroute complete, un désastre — ; une promesse trompeuse, un langage — ; une femme assise, un voyageur — ; une robe grise, un habit — ; un homme loyal et franc, une personne — et — ; un garçon heureux et gai, une ouvrière — et — ; un sirop doux et pectoral, une tisane — et — ; un homme vindicatif et malin, une femme — et — ; un raisin muscat, une noix —.

9. *Copier et mettre au pluriel les articles, noms et adjectifs qui suivent.* (GRAMM. N°s 65 et 66.)

La conscience inquiète ; l'enfant docile ; le fleuve rapide ; le brouillard épais ; le repas frugal ; l'écolier paresseux ; l'ami nouveau ; l'assemblée nombreuse ; le rameau vert ; le morceau friand ; l'hospice monumental ; le ciel serein et pur ; certain gros animal ; la nuit froide ; le nouvel attirail ; le vent glacial ; le rapport social ; un détail trivial ; un caporal brutal ; un cœur ingrat ; le bel oiseau ; une ceinture bleue.

10. *Copier et mettre au pluriel les noms et adjectifs déterminatifs ci-dessous.* (GRAMM. N°s 65 et 66.)

Cette glace, ce bureau, votre système, ton cheval, ce chapeau, cet enclos, cette souris, ce crapaud, cet almanach, ce coup, ce fou, cette aventure, cet animal, votre esprit, ton gâteau, ce fardeau, ton cou, ce licou, mon bijou, son trousseau, cet émail, ce signal, ton journal, mon capital, ce badaud, mon sabot, ce canal, ce régal, ce soupirail, ton bail, sa croix, son genou, mon gilet, ton écrit, ce cheveu, ton œil, cet arsenal, ce mal, ce général, ce repas, ton secours, ce bois, cette lessive, cette vallée, son épée, cet hiver, sa hache, ce poids.

11. *Copier et mettre au singulier les noms et adjectifs qui suivent.* (GRAMM. N° 66.)

Ces grands écrivains ; tes vieux livres ; les premiers mots ; nos amis généreux ; ces hommes nuls ; des droits égaux ; ces vieux châteaux ; ces jolis landaus ; vos regrets tardifs ; ces gentils moineaux ; des noix fraîches ; des pensées obscures ; des vêtements grossiers ; mes cheveux crépus ; les premiers couteaux ; ces abricots délicieux ; des idées mesquines ; deux beaux livres ; deux frères jumeaux.

12. *Copier et mettre au pluriel les noms et adjectifs qui suivent.* (GRAMM. n° 66.)

Le petit ruisseau; l'affreux hurlement; ce pays fertile; une vie courte et utile; une femme inquiète; un chapeau gris; ce peuple brutal; un caillou plat; ce gros morceau; ce chant pieux; cet enfant gourmand; un clou; le joli bijou; un œil joli et bleu; une chaleur excessive; un râteau; le drapeau tricolore; le bras nerveux; l'eau fangeuse; le moineau pillard; l'effort généreux; un cheval borgne et boîteux; ce général habile; cette pluie torrentielle; ta longue souffrance; ton dernier chapeau.

13. *Transcrire les phrases suivantes, et faire accorder les adjectifs avec les mots qu'ils qualifient.* (GRAMM. nos 66 et 67.)

La rose *mousseux* est une fleur *charmant;* des manières *fier* et *hautain* sont *insupportable :* ô âmes *ingrat* et *cruel;* comme cette rose *blanc* est *frais* et *charmant!* Les *vieux* églises *gothique* sont *admiré* des *vrai* connaisseurs; nous étions *tranquille;* la maladie fut *court;* nos corps sont *mortel*, mais nos ames sont *immortel;* une terre trop *sec* n'est jamais *productif.*

14. *Même exercice sur les mots qui suivent.* (GRAMM. nos 66 et 67.)

La langue *grec* est *beau, riche, harmonieux;* les personnes *malin* sont rarement *aimable;* ce *beau* arbrisseau produit des fruits qui ont une chair *mol* et *vermeil;* ces hommes *captif* poussaient des cris *déchirant* dans leur prison *bas, secret* et *obscur;* une jeune *Turc* perdit un jour sur la voie *public* d'une ville *grec*, un portefeuille de forme *oblong;* que dit-on d'une femme qui boude, qui flatte, qui adule, qui commet des péchés, qui gouverne, qui professe, qui sculpte, qui écrit? on dit que c'est une femme *boudeur, flatteur, adulateur, pécheur, gouverneur, professeur, sculpteur, auteur.*

15. *Même exercice sur les mots qui suivent.* (GRAMM. nos 66 et 67.)

Les Groënlandais sont *petit;* mais leur taille est bien

conformé et présente de *juste* proportions. Ils ont la figure *large* et *plat*, les joues *rond* et *potelé*, des yeux *petit* et *noir*, mais peu *brillant ;* un nez qui, sans être *plat*, n'est ni assez grand ni assez *saillant ;* une bouche *petit* et *rond*, la levre *inférieur* un peu plus *gros* que la levre *supérieur*. Leur couleur est *olivâtre*, leur teint est *brun*, mais animé d'un rouge *vif :* ce qui prouve qu'ils ne sont pas naturellement *brun*, car leurs enfants naissent assez *blanc*, mais que cette couleur *brun* vient de leur malpropreté *habituel.*

16. *Même exercice sur les mots qui suivent.* (GRAMM. N°s 66 et 67.)

Ils ont la chevelure *noir*, *épais*, *fort* et *long*. Ils ont le pied *leste* et la main *adroit*. Les hommes sont *courageux* et *patient ;* les femmes sont *fort* et *vigoureux*. Le froid, dans ces *malheureux* contrées, est des plus *rigoureux*. Souvent, pendant l'hiver, on voit l'eau *glacé* sur le feu même ; la surface de la mer se couvre d'une glace *épais* qui unit entre elles les îles *voisin*, et permet de traverser les baies les plus *large* sur des routes *solide* et *résistante*.

17. *Transcrire les phrases suivantes et faire accorder les adjectifs avec les noms qu'ils qualifient.* (GRAMM. N°s 66 et 67.)

Les Arabes si *humain*, si *fidèle*, si *désintéressé* entre eux, sont *féroce* et *avide* avec les nations *étranger*. Les ours *commun* sont des animaux *sauvage* et *solitaire*. La forêt était *vaste* et *touffu ;* l'ombre était *épais*. Les personnes d'une sensibilite *excessif* sont *sujet* à de *grand* chagrins. Il y a trois personnes *divin*, trois vertus *théologal* et sept péchés *capital*.

18. *Même exercice sur les phrases qui suivent.* (GRAMM. N°s 66 et 67.)

La *véritable* grandeur est *doux*, *familier* et *indulgent ;* son caractère est *noble* et *facile ;* elle inspire un respect *sincère* et une confiance *illimité*. Tous les hommes ne peuvent être *grand*, mais tous peuvent être *bon*. Le cerf est un de ces animaux *innocent* et *tranquille*, qui ne semblent *fait* que pour animer la solitude : sa forme *élegant* et *léger*, ses membres *flexible* et *nerveux*, sa tête *pare* plutôt *qu'armé* d'un bois vivant qui se renouvelle tous les ans; sa grandeur et sa légèreté *extraordinaire*, le distinguent des autres habitants des forêts. Le castor a la tête presque *carré*, les oreilles *rond* et *court*, les yeux *petit*, la bouche *armé* de quatre dents *incisif*, *fort* et *tranchant*, la queue *long* et *aplati* toute *couvert* d'écailles.

19. *Tanscrire les phrases suivantes et faire accorder l'adjectif avec le nom ou les noms qu'il qualifie.* (GRAMM. N°s 66, 67 et 67 *bis.*)

L'Egypte et l'Inde sont *fertilisé* par des inondations *périodique* et *certain*. La clémence et la majesté sont *peint* sur le front de cet auguste enfant Cet homme tâche de rendre *heureux* sa femme et sa fille. Avec une gradation *lent* et *ménagé*, on rend l'homme et l'enfant *capable* de tout. L'homme sage a une douceur et une égalité d'ame *merveilleux*. Ma chère sœur et ma chère cousine, soyez *pieux*, *actif* et *franc*.

20. *Même exercice sur les phrases qui suivent.* (GRAMM. N°s 66, 67 et 67 *bis.*)

L'Ecosse et la Suisse sont *montagneux* et *pittoresque*. *Incertain* et *capricieux*, la fortune et la gloire sont *inférieur* à la *doux* et *constant* amitié. La paresse et l'ivrognerie sont *odieux* et *avilissant*. Le loup et le chien sont *ennemi*. Les habitants *civilisé* de nos Etats sont *hospitalier*, *belliqueux* et *franc*. Les *vieux* vitraux de ces chapelles sont *cendreux*, *obscur* et *terne*. Les terres *sec* et *sablonneux* donnent les *meilleur* fruits. Une épigramme doit être *terminé* par une pointe *fin* et *malin*. La maison et la cour sont *propre* et *balayé*. La maîtresse et la servante sont *doux*, *bon*, *patient*, *charitable*. La France et l'Italie sont *voisin*.

21. *Tanscrire les phrases suivantes et faire accorder l'adjectif avec le nom ou les noms qu'il qualifie.* (GRAMM. N°s 66, 67 et 67 *bis.*)

Quand on a l'humeur et le caractère *difficile*, *bizarre*, on doit travailler à se corriger. La chauve-souris et le crapaud sont *laid* et *hideux*. Les poissons, dans les lacs du Canada, sont d'une beauté et d un éclat *admirable*. Ce jeune homme avait la bouche et les levres *vermeil*, la barbe et les cheveux *long*, les yeux et les sourcils *noir*, le ton et la parole *bref*, la démarche et les manières *noble* et *distingué*.

22. *Même exercice que le précédent.* (GRAMM. nos 66, 67 et 67 *bis*.)

Les peines et les soucis *cruel* de l'âge mûr nous font regretter les plaisirs et les joies *pur* de l'enfance. La demande et la réponse sont aussi *prompt*, aussi *bref* l'une que l'autre. Une ame noble est toujours *sincère* et *franc;* toutes les vérités qui lui sont *connu*, elle les rend *public* quand elle juge qu'elles sont *bon* et *utile*. Vos neveux sont *traitre* et *hargneux;* les miens sont *généreux*, *poli* et amis *fidele*. Didon et Cléopâtre furent deux reines *malheureux* et *fugitif*. Le riche et le pauvre sont *sujet* aux mêmes lois. Mille variétés se sont *offert* à nos regards. Les personnes *généreux* sur la protection desquelles tu comptes, sont *puissant* et *loyal*. La panthère et le tigre son *carnassier* et *cruel*.

23. *Transcrire les phrases suivantes et souligner les adjectifs déterminatifs qui s'y trouvent.* (GRAMM. n° 68.)

Cliton n'a jamais eu dans toute sa vie que deux affaires, qui sont de dîner le matin et de souper le soir. L'aigle a environ un mètre de long, et l'envergure de ses ailes, d'une extrémité à l'autre, est de deux mètres et demi à peu près. Un grand travail occupe notre maître depuis un mois. Quand un objet est partagé en deux, on nomme chaque partie une moitié ; quand il est partagé en quatre, on nomme chaque partie un quart. Cet élève a fait un effort sérieux. Avouez sans retard votre faute à vos parents. La propreté exige que vous vous laviez chaque matin. Peut-être n'avez-vous nulle envie de venir me voir. Ma douleur, mon affliction et mes larmes ne pourront-elles apaiser ta haine et me rendre ton amitié? Dans certains cas, à certaines époques, c'est-à-dire tous les cinquante ans, les créanciers, chez les Juifs, devaient remettre leurs dettes à leurs débiteurs. Une femme est mieux parée par ses vertus que par ses bijoux. Cette dame pieuse a fondé plusieurs établissements. Il meurt dans l'espace de trente-trois ans mille millions d'hommes; dans une année, trente millions; chaque jour, quatre-vingt-deux mille; chaque heure, trois mille quatre cents; chaque minute, soixante; chaque seconde, un homme. Quel effrayant calcul!

24. *Transcrire les phrases qui suivent et souligner d'un trait les adjectifs numéraux, et de deux traits les adjectifs démonstratifs.* (GRAMM. nos 70 et 75.)

Le premier rang. La seconde semaine. Ces tableaux. Cette maison. Dix personnes. Une étoile. Ces fruits. La deuxième page. Ce portail. Quatre parapluies. Cet enfant. Cette fleur est tres-jolie. Une réprimande sert plus à un homme sage que cent coups sur le dos de l'insensé. Marseille a été fondée par les Phocéens la deuxième année de la quarante-cinquieme olympiade, six ans avant l'ère vulgaire. Cette fortune dont tu sembles si fier peut t'être enlevée en un instant. Le gramme est la millieme partie du kilogramme. Clovis premier monta sur le trône à l'âge de quinze ans, et fut le cinquieme roi de France.

25. *Transcrire les phrases suivantes et souligner d'un trait les adjectifs possessifs et de deux traits les adjectifs indéfinis.* (GRAMM. nos 73 et 77.)

Plusieurs hommes. Chaque pays. Tel père, tel enfant. Quelques familles. Quel moineau. Les mêmes observations. Chaque victoire. Aucune réponse. Toutes vos démarches. Mon fils. Leurs amis. Ses habits. Telles coutumes. Votre santé. Vos ennuis. Nulle délicatesse. Son pays. Mon Dieu. Ma vie. Leurs projets. Nos désirs augmentent avec notre richesse. Nul homme ne peut dire : je n'ai commis aucune faute. Dieu étend son amour sur tous les êtres qui sont sortis de ses mains; nulle créature n'échappe à sa bonté. Cette personne ne reçoit aucuns gages. Cet enfant fait l'honneur de ses maîtres; il a, par sa douceur, ses prévenances et son application, mérité leur estime et leur affection.

DU PRONOM.

1. *Transcrire les phrases suivantes, et souligner les pronoms personnels qui s'y trouvent.* (GRAMM. N° 82.)

Si je vois ton père, je lui annoncerai ton arrivée. Les jeunes gens disent ce qu'ils font, les vieillards ce qu'ils ont fait, et les sots ce qu'ils veulent faire. Le travail est la loi de l'homme, il nous est nécessaire; sans lui, les jours nous seraient insupportables. Si votre ennemi a faim, donnez-lui à manger ; s'il a soif, donnez-lui à boire.

2. *Transcrire les phrases suivantes, et souligner les pronoms démonstratifs qui s'y trouvent* (GRAMM. N°s 85 et 86.)

C'est un méchant métier que celui de médire. Ces livres sont ceux de mon ami. Le bavard dit tout ce qu'il pense, et l'honnête homme pense tout ce qu'il dit. C'est se venger que de châtier dans la colère. La violette cachée sous le buisson embaume tout ce qui l'approche : c'est l'image du savant modeste. Ce ne sont pas les titres, ce sont les mœurs qui décident du mérite ; celles-ci dépendent de nous ; ceux-là dépendent du hasard. La route la plus sûre est celle de la droiture. Ces deux chemins vous conduiront à la ville ; mais celui-ci est plus court que l'autre. Celui qui rend un service doit l'oublier, celui qui le reçoit s'en souvenir.

3. *Transcrire les phrases suivantes, et souligner les pronoms possessifs qui s'y trouvent.* (GRAMM. N° 87.)

C'est aujourd'hui mon tour, demain ce sera le vôtre. Le tien et le mien ne s'accordent guère. Je soumets mon opinion à la vôtre. Cette portion est la mienne et voici la vôtre. Nous avons admiré vos fleurs, et vos freres nous ont montré les leurs. Les images qu'on t'a donnees sont plus belles que les miennes.

4. *Tanscrire les phrases suivantes, et souligner les pronoms relatifs qui s'y trouvent.* (GRAMM. N° 89.)

Qui peut se vanter d'être sans péché? Nous n'admirons

pas les choses auxquelles nous sommes accoutumés. Il n'y a rien dont Dieu ne soit l'auteur, rien qui ne soit sorti de ses mains : nous lui devons la lumière dont nous jouissons, et l'air que nous respirons. La vertu est le chemin par lequel on arrive au Ciel. Il y a deux espèces d hommes avec lesquels il ne faut avoir rien de commun . les méchants et les sots. La chose à quoi l'on songe le moins est parfois celle à laquelle on devrait songer le plus.

5. *Transcrire les phrases suivantes, et souligner les pronoms indefinis qui s'y trouvent.* (Gramm. n° 91.)

Tel est pris qui croyait prendre. Les vraies conquêtes, les seules qui ne donnent aucun regret, a dit Napoleon Ier, sont celles que l'on fait sur l'ignorance. Personne ne peut servir deux maîtres. Quelqu'un a-t-il jamais douté sérieusement de l'existence de Dieu? Quiconque n'aime que soi n'a pas beaucoup d'amis. Aucun n'est bon prophète chez soi. Le bonheur d'autrui est un poison pour l'envieux.

6. *Transcrire les phrases suivantes, et souligner les pronoms qui s'y trouvent.* (Gramm. n°s 82, 85, 87, 89 et 91.)

Ne sacrifiez personne à votre bonheur : on ne peut être heureux par le malheur d'autrui. On voit les maux d'autrui d'un autre œil que les siens. On allege ses douleurs en soulageant celles des autres. Ce qui est inutile est toujours trop cher. Il porte mon habit pour ménager le sien. Vous connaissez les figuiers : on en voit beaucoup dans les pays chauds. On doit toujours respecter ceux qui ont autorité sur nous. On croit que la probité consiste uniquement à ne pas voler l'argent dans la poche des autres : celui qui trompe sur le poids, sur la mesure, sur la qualité, sur le prix de la marchandise, celui-là n'est point un honnête homme, c'est véritablement un voleur.

7. *Transcrire les phrases suivantes, et remplacer le tiret par le pronom que demande le sens.* (Gramm. n° 78.)

Chacun a ses peines ; les grands ont — comme nous avons — . Chacun de nous a son devoir à remplir : faites — , je remplirai — . Les Lapons ont un gros chat — ils confient tous leurs secrets. Il n'y a rien — Dieu ne soit l'auteur. On finit par vaincre les obstacles contre — on s'accoutume à lutter. L'intelligence de l'homme franchit les bornes étroites dans — la nature semble l'avoir renfermée. Vous avez vos défauts et vos frères ont — .

8. *Même exercice sur les phrases qui suivent.* (GRAMM. N° 78.

La ville — vous allez est à trois lieues d'ici. Les jardins — je donne mes soins, rapportent beaucoup. Les études — ils s'appliquent sont au moins frivoles. La vie est un journal sur — il ne faut inscrire que de bonnes actions. Il a accepté mes services, et voici qu'il me refuse — . Tu reproches durement ses défauts à ton frère, et tu n'aperçois pas — . Tu blâmes sa conduite, et — est-elle plus sage ?

DU VERBE.

1. *Copier les phrases suivantes, en soulignant le verbe.* (GRAMM. N°s 93 et 94.)

Les faveurs de la fortune sont comme les charmes de la figure : on ne les conserve pas longtemps. On n'entendait que le bruit d'un ruisseau tombant à gros bouillons pleins d'écume, et s'enfuyant au travers de la prairie. Le temps fuit ; la conscience crie ; la mort menace ; le temps sollicite ; l'enfer gronde, et l'homme dort. Il y a plaisir à être dans un vaisseau battu par l'orage, lorsqu'on est assuré qu'il ne périra pas. Un nom honorable, voilà le plus bel héritage qu'un père puisse léguer à ses enfants.

2. *Même exercice sur les phrases qui suivent.* (GRAMM. N°s 93 et 94.)

Obligez cent fois, refusez une, on ne se souviendra que du refus. Faites aux autres ce que vous voudriez qu'on vous fît. Les remords déchirent le cœur. Deux femmes peuvent être réconciliées tant qu'elles ne se sont point appelées laides. Le sang des martyrs a fécondé notre sublime religion. Nous serons jugés selon nos œuvres. Les tribunaux punissent ceux qui ourdissent des trames criminelles. Il est honteux de mentir : il faut toujours dire la vérité, lors même qu'il y aurait pour nous quelque danger à courir. L'amitié finit où commence la défiance.

3. *Transcrire les phrases suivantes, et appliquer à chacune la question* qui est-ce qui ? *ou* qu'est-ce-qui ? *et donner la réponse.* (GRAMM. n°s 95 et 96.)

Nous marchons : *qui est-ce qui marche ?* nous. Le soleil brillait : *qu'est-ce qui brillait ?* le soleil. J'attends une réponse : *qui est-ce qui attend une réponse ?* je. — Emile apprend ses leçons. Je travaille. Tu grondais. Les rivières sortent des montagnes. Le temps nous favorise. La guerre civile éclata. On me tendait un piége. Tu nous as trahis. L'égoïste est méprisé. Le médecin m'a guéri. Le printemps commence. Le laboureur reprend ses travaux.

4. *Même exercice sur les phrases qui suivent.* (GRAMM. n°s 95 et 96.)

La pluie tombe. Adam et Eve désobéirent à Dieu. L'écureuil mange la noix. Cet élève a bonne volonté. Antoine joue. J'ai eu peur. Le lapin mange le chou. Le coupable a fait des aveux. L'orage a éclaté. Mon parrain est malade. Mon frère a reconnu ses torts. Les gendarmes ont arrêté un voleur. Le portail de la maison est ouvert. Vous consentez à mon départ. Il construit la muraille. La cloche nous appelle. Mon frère et mon cousin travaillent. On nous a promis une récompense. La rose et l'œillet embaument le jardin. Je vous attends. Tu me connais. On leur enverra une lettre.

5. *Transcrire les phrases suivantes, et appliquer à chacune la question* qui ? *ou* quoi ? *et donner la réponse.* (GRAMM. n° 100.)

Le maréchal ferre les chevaux. Le maréchal ferre *quoi ?* les chevaux. — Le médecin soigne les malades. Le médecin soigne *qui ?* les malades. — Les vendeurs déballent leurs marchandises. J'ai pris une résolution décisive. J'ai perdu ma mère. Les malfaiteurs aiment l'encombrement. L'humidité occasionne des douleurs. Cet élève a fini sa dictée. Le menuisier sciait du bois. Le tailleur a fini ta redingote. Ces deux aubergistes logent les voyageurs. Le jardinier a planté des choux. Le soleil dissipe les nuages. Vous entonnez le cantique. Les marins racontent leurs aventures. Vous affronterez ce danger. Je coloriais une image. J'attends notre berger. Je fermais une haie. J'ai manqué une belle occasion. Vous ramassiez des pierres. Nous avons loué un logement. Contez-moi une petite histoire. Ernest a sali ses habits. Maman a grondé Alfred Tout annonce une triste journée. Le loir dévaste les vergers. Le ver à soie file un cocon. L'araignée tisse sa toile.

6. *Transcrire les phrases suivantes, et appliquer à chacune la question* à qui? de qui? avec qui? etc., *ou* à quoi? de quoi? avec quoi? etc., *et donner la réponse.* (GRAMM. N° 101.)

Nous renonçons à la paresse. Nous renonçons *à quoi?* à la paresse. — Vous bâtissez sur le sable. Nous rentrâmes dans la cave. Tu répondras à ces questions. Le soufre ne se dissout pas dans l'eau. Je me plains de votre conduite. Je compatis au malheur. Elisee vécut sous Achab. Vous rentrerez chez votre cousin. Votre père pourvoit à vos besoins.

7. *Même exercice sur les phrases qui suivent.* (GR. N° 101.)

Une consolation reste à cette veuve. Le soleil luit pour tout le monde. Les nez ont été inventés avant les lunettes. L'enfant sourit à sa mère. L'ours grimpe sur les arbres. Le renard se moqua du corbeau. Ce vaisseau est chargé de blé. Le curé monte en chaire. Les hiboux nichent dans les vieilles tours. Les chouettes volent pendant la nuit. Les éleves jouent à la toupie. Le ballon s'élève dans les airs. Nous courûmes vers la montagne.

8. *Transcrire les phrases suivantes, et appliquer à chacune les questions* qui *ou* quoi; à qui, de qui, avec qui, etc.; *ou* à quoi, de quoi, avec quoi, etc. (GR. N°s 100 et 101.)

Nous réservons nos récompenses pour les élèves studieux. Nous réservons *quoi?* nos récompenses; nous les réservons pour *qui?* pour les élèves studieux. La vertu conduit l'homme au bonheur. Je porte une lettre à la poste. La guêpe a piqué l'enfant à la main. La couturière cherche son dé sous la chaise. Le batelier a mis ses rames dans la barque. Le bon curé a fait ses adieux à ses paroissiens. J'ai trouvé un caillou sur le chemin.

9. *Même exercice sur les phrases qui suivent.* (GRAMM. N°s 100 et 101.)

Mes sœurs tricotent des bas pour moi. Je souhaite la fête à ma mère. Il avait contracté une dette envers vous. L'âne donna un coup violent au conducteur. Vous fatiguez votre maître avec vos cris étourdissants. La fourmi emplit ses magasins pendant l'été. Je rendrai ce service à votre ami. Je place toute ma confiance en Dieu. Je demande un service à mon protecteur. J'ai récompensé Adolphe de ses services. J'aime mon prochain comme moi-même. Eugène remplit ses devoirs avec zele.

10. *Transcrire les phrases suivantes, et placer le complément après le verbe, suivant le modele indiqué ci-dessous.* (GRAMM. N°s 102 *et suivants.*)

Ils se nuisent, *ils nuisent à eux.* Ils m'ennuient, *ils ennuient moi.* On m'appelle. Ils nous interrompaient. Nous vous saluâmes. On les accueillit. Tu me comprends Ils me nuisirent. Ma sœur m'a appelé. François m'a battu. On nous ouvrit. Le maître l'a renvoyé. On te déteste. Je vous entendis. On t'a déplu. Ils se sont succédé. On les a pris. Ces hommes me consultèrent. Ils se contredisent. On vous trompe. Des flambeaux les éclairent. Ils se sont déplu. Ils t'ont parle. On les a questionnés. Ma mère s'est fâchée. Tu l'as entendue. On nous a punis. Je me suis trompé. Cet enfant se vante. Je le recevrai. Tu les gronderas. On l'a salué. Ils se sont unis. Ils nous ont attirés.

11. *Transcrire les phrases suivantes, et appliquer à chacune les questions* qui est-ce qui? *ou* qu'est-ce qui? qui? *ou* quoi? à qui? de qui? *etc.*, à quoi? de quoi? *etc.* (GRAMM. N°s 96, 100 et 101.)

Tu te flattes. Qui est-ce qui flatte? tu. *Tu flattes qui?* te *ou* toi. Il m'a conduit à la ville. Je m'ennuie. Tu viendras chez moi. Je t'attends dans la soirée. On nous a parlé de vous Profitez de l'occasion. Je lui écrivis une lettre. On ne m'a pas répondu. Je vous comprends. Tu les avertiras. Ils me raconterent leurs aventures. Vous aimerez le Seigneur de tout votre cœur. Le maître nous a loués. Je t'ai dit la vérité. Le médecin m'a guéri. On a approuvé ta noble conduite. Cette mère pleure l'absence de son fils. La pauvre femme me confie ses peines. Je vous félicite de votre courage. Le ciel nous éprouve. Nous nous rendons à Madrid. Vous ne m'écoutez pas. Donnez-lui ce livre. L'espérance nous soutient. Je me suis caché sous l'arbre. Il ne m'a pas vu. Je sors de sa maison. On nous a tranquillisés sur ton sort.

12. *Transcrire les phrases suivantes, et souligner les verbes actifs.* (GRAMM. N° 108.)

Le maçon travaille. L'enfant dort. Vous connaissez nos intentions. La récolte a été vendue. Mes amis repondront. Le peintre voyage. Cet habit convient à votre oncle. On cueille des pommes. Les étoiles scintillent. Cette tache reparaîtra. L'ennemis nous a battus. La chandelle fond. Cet avocat a répondu. Il faut que je m'en aille. Ces enfants jouent. Paul et Gustave parlent. On les a punis. Tu dormais profondément. Votre père reviendra. Tranquillisez-vous. Ces chevaux bronchent quelquefois. Ma jeune sœur tricote toujours. L'armée a vaincu l'ennemi. Ma sœur est venue. Tu as perdu ton temps. Nos amis nous féliciterent. J'ai obtenu une permission. Cette propriété est bornée par la rivière. Nous avons couru. Tes arbres ont péri. Ma sœur a gagné son procès. La beauté passe, la vertu reste. Le soleil nous éclaire. Les eaux debordent. Les éclairs sillonnent les nues. Mon père nous attend. Ce fermier vendange.

13. *Transcrire les phrases suivantes, et souligner les verbes passifs.* (GRAMM. N° 110.)

Cette fleur a été cueillie dans notre jardin. Mon voisin a été incendié. Cet homme fut pris par les pirates. Celui qui a pitié du pauvre prête à Dieu qui lui rendra son bienfait. Il était estimé. Nous avons suivi vos conseils. Tu seras récompensé si tu fais des progrès. L'oisiveté ressemble à la rouille, elle use plus que le travail. L'infortuné est soutenu par l'espérance. Ecrivez les injures sur le sable et les bienfaits sur l'airain.

14. *Même exercice sur les phrases qui suivent.* (GRAMM. N° 110.)

Je serais désolé de vous avoir fait de la peine. Le succès nous a dédommagés de nos peines. Nous avons été affligés en apprenant cette nouvelle. Il nous accorda sa confiance. Nous avons vaincu. Jésus-Christ a été crucifié; il est mort; il a été enseveli. L'histoire est remplie de récits de morts sanglantes. Les cœurs sont enchaînés par la clémence. La terre est remplie des bienfaits du Seigneur. Nous sommes trahis. Vous avez terminé votre tâche. Cette lettre vous a-t-elle été remise ?

15. *Transcrire les phrases suivantes, et donner la forme passive aux propositions actives, et la forme active aux propositions passives.* (GRAMM. N° 110.)

Les Français ont vaincu les Arabes dans de nombreux combats Nos camarades nous appellent. Le remords suit toujours une mauvaise action. Une lettre vous a été adressée par mon frère. La paresse produit la misère. Les Gaules furent envahies par les Francs l'an 420. Les inventeurs ont souvent payé leur gloire bien cher. Mes sœurs me nourrissaient. On m'a recommandé cet ouvrage. J'ai cueilli une fleur charmante. L'eau de la pluie a rempli la citerne. Le bon citoyen respecte les lois. Les ignorants et les sots mettent la charrue devant les bœufs. La rosée rafraîchit les plantes.

16. *Même exercice sur les phrases qui suivent.* (GRAMM. N° 110)

L'adversité m'a corrigé. On m'a refusé le nécessaire. Les enfants sages sont chéris de tout le monde. La lumière nous est envoyée par le soleil. Les conjurés frappèrent César dans le Sénat. La femme écrasera la tête du serpent. Vous observez bien la loi du Seigneur. Le courtisan flatte les princes. Nous défendrons notre patrie. Leur bonne action a été récompensée. Nous soulageons l'infortune. On a averti deux fois ces enfants. La nuit nous a surpris. Nous fûmes étonnés de ton courage. Caïn fut maudit de Dieu. La mort de Turenne consterna toute l'armée. Le dévoûment d'Eustache de Saint-Pierre sauva la ville de Calais.

17. *Transcrire les phrases suivantes, et souligner les verbes neutres.* (GRAMM. N° 109.)

Le renard sortit du puits. Veux-tu faire des amis? pardonne à tes ennemis. J'écrirai demain. La glace fond au soleil. Pesez vos paroles avant de parler. Il ne convient pas de reprocher un bienfait. Cet enfant pleure. Cet homme est tombé. Plusieurs autres accidents sont arrivés aujourd'hui. La mort nous en veut. Avancez, nous vous défendrons. Les médecins se porteraient mal, si tout le monde se portait bien.

18. *Transcrire les phrases suivantes, et souligner les verbes pronominaux.* (GRAMM. N° 111.)

Les vrais amis attendent qu'on les appelle dans la prospérite : dans l'adversité ils se présentent d'eux-mêmes. Les âges se renouvellent : la figure du monde passe sans cesse ; les morts et les vivants se remplacent ; on se succede continuellement ; tout s'use, tout s'éteint ; Dieu seul demeure toujours le même. La charité qui se cache n'en a que plus de prix. La laitière se flattait d'arriver sans encombre à la ville : elle se trompait.

19. *Transcrire les phrases suivantes, et souligner les verbes unipersonnels.* (GRAMM. N° 113.)

Il n'est pas de dépense plus chère que le temps. Qu'il fasse chaud ou froid, qu'il pleuve ou qu'il neige, moi j'en ris. On ne se souvient pas qu'il ait gelé dans cette île fortunée. Il pleut ou il pleuvra bientôt. Il vaut mieux ignorer que de savoir mal. Il n'importe pas de vivre longtemps, mais de bien vivre. Je ne sais ce qu'il convient de lui donner. Il faut mourir.

20. *Transcrire les phrases suivantes, et distinguer dans les verbes le radical de la terminaison* (GRAMM. N° 146.)

Tu chant/es ; elle parl/e ; march/ons ; il aim/e que tu écriv/es ; lisez ; nous descendons ; on arrive ; je t'ai aperçu ; il règnera ; il est tombé ; j'ai trop couru ; nous lui succédâmes; je me suis absenté; on se défie de toi; ils se sont promenés; tu viens à temps; je lis; tu dormais; le temps fuit; vous regretterez les instants perdus; vous viendrez nous aider à vendanger.

21. *Transcrire les phrases suivantes, et souligner d'un trait les temps simples, et de deux traits les temps composés.* (GRAMM. Nos 137 et 138.)

Sans votre présence d'esprit, le bateau aurait chaviré et nous aurions péri. Ma mère désire que je rentre de bonne heure. Un jour, j'étais allé visiter la fontaine Egérie : la nuit me surprit. Vous avez recueilli une succession. Je conviens de mes torts. Je vais en classe. Je suis parvenu à mon but. Tu as fait une folle entreprise. Le corps de Jésus-Christ fut mis dans un sépulcre neuf. J'ai suivi vos sages conseils. Il m'est arrivé une fâcheuse aventure. On a tenu conseil. Les chats ont décidé qu'il fallait étrangler les rats. Ma mère et mon frère sont sortis.

22. *Transcrire les phrases suivantes, et souligner d'un trait l'auxiliaire* avoir, *et de deux traits l'auxiliaire* être. (GRAMM. N° 143.)

J'étais assis sur le banc. Tu es mon frère. On t'a reconnu. Il faut que j'aie de la chance. Je suis enfin arrivé. Le ciel est parsemé d'étoiles. Si je vous avais reconnu, nous nous serions pressés davantage. Tu es associé avec mon cousin. Il fallait que j'eusse écrit avant d'aller vous voir. Vous avez résisté à la tentation. Il faut qu'il ait un bon courage. La pluie a detrempé la terre. Les chiffres ont été inventés par les Arabes.

LES QUATRE CONJUGAISONS.

1. *Conjuguer les six verbes suivants dans tous leurs temps.*

INDICATIF PRÉSENT. J'abaisser, tu admirer, il barrer, nous augmenter, vous détailler, ils plaider.

IMPARFAIT. J'abaisser, tu admirer, il barrer, nous augmenter, vous détailler, ils plaider.

Passé défini. J'abaisser, tu admirer, il barrer, nous augmenter, vous détailler, ils plaider.

Passé indéfini. J'abaisser, tu admirer, il barrer, nous augmenter, vous détailler, ils plaider.

Passé antérieur. J'abaisser, tu admirer, il barrer, nous augmenter, vous détailler, ils plaider.

Plus-que-parfait. J'abaisser, tu admirer, il barrer, nous augmenter, vous détailler, ils plaider.

Futur. J'abaisser, tu admirer, il barrer, nous augmenter, vous détailler, ils plaider.

Futur antérieur. J'abaisser, tu admirer, il barrer, nous augmenter, vous détailler, ils plaider.

Conditionnel présent. J'abaisser, tu admirer, il barrer, nous augmenter, vous detailler, ils plaider.

Passé. J'abaisser, tu admirer, il barrer, nous augmenter, vous détailler, ils plaider.

Impératif. Abaisser, admirer, barrer.

Subjonctif présent ou futur. Que j'abaisser, que tu admirer, qu'il barrer, que nous augmenter, que vous détailler, qu'ils plaider.

Imparfait. Que j'abaisser, que tu admirer, qu'il barrer, que nous augmenter, que vous détailler, qu'ils plaider.

Passé. Que j'abaisser, que tu admirer, qu'il barrer, que nous augmenter, que vous détailler, qu'ils plaider.

Plus-que-parfait. Que j'abaisser, que tu admirer, qu'il barrer, que nous augmenter, que vous détailler, qu'ils plaider.

2. *On conjuguera de même les verbes suivants.*

Défendre, fendre, pousser, remplir, chérir, bâtir, appauvrir, étudier, chercher, vendre, suspendre, apercevoir.

Concevoir, devoir, tordre, fondre, adoucir, pétrir, garder, ternir, éclaircir, abhorrer, acquitter, hasarder.

Vieillir, embellir, interrompre, entendre, fléchir, correspondre.

Attendre, obéir, languir, frapper, meubler, réciter.

Approfondir, enhardir, unir, suspendre, prendre, descendre.

Répondre, confondre, tordre, chercher, dédaigner, exceller.

3. *Conjuguer de même les verbes suivants.* (GRAMM. N° 148.)

Forcer, effacer, renoncer, glacer, dénoncer, agacer, allonger, songer, plonger, changer, ronger, bouger, affliger, négliger, interroger, tracer, placer, avancer, saccager, partager, lacer, interroger, policer, ravager, espacer, ombrager, épicer, fustiger, prononcer, menacer, déplacer, agencer, diriger, juger, décourager.

4. *Mettre les verbes au temps indiqué.* (GRAMM. N°s 148 et 149.)

INDICATIF PRÉSENT. Je placer, tu percer, il glacer, nous balancer, vous bercer, ils tracer.

IMPARFAIT. Je tancer, tu agencer, il avancer, nous annoncer, vous amorcer, ils espacer.

PASSÉ DÉFINI. Je dénoncer, tu effacer, il devancer, nous lacer, vous policer, ils grimacer.

FUTUR. Je partager, tu saccager, il vendanger, nous négliger, vous infliger, ils interroger.

CONDITIONNEL. Je corriger, tu fustiger, il louanger, nous ombrager, vous ériger, ils égorger.

IMPÉRATIF. Affliger, ravager, submerger.

SUBJONCTIF PRÉSENT. Je juger, tu songer, il changer, nous voyager, vous charger, ils manger.

IMPARFAIT DU SUBJONCTIF. Je commencer, tu plonger, il forcer, nous lancer, vous amorcer, ils diriger.

5. *Mettre les verbes ci-dessous au temps indiqué.*

INDICATIF PRÉSENT. Je balancer, tu avancer, il prolonger, nous ranger, vous nuancer, ils prononcer.

IMPARFAIT. Je remplacer, tu ménager, il exercer, nous rédiger, vous loger, ils bercer.

PASSÉ DÉFINI. Je négliger, tu diriger, il retracer, nous renforcer, vous ensemencer, ils encourager.

FUTUR. Je forger, tu ménager, il forcer, nous déplacer, vous plonger, ils obliger.

CONDITIONNEL PRÉSENT. Je négliger, tu rincer, il devancer, nous arranger, vous décourager, ils saccager.

IMPÉRATIF. Menacer, ravager, dédommager.

SUBJONCTIF PRÉSENT. Je nager, tu manger, il exaucer, nous renoncer, vous corriger, ils dégager.

IMPARFAIT DU SUBJONCTIF. Je forcer, tu prolonger, il voyager, nous retracer, vous soulager, ils rédiger.

6. *Mettre les verbes ci-dessous au temps indiqué.* (GRAMM. N° 150.)

INDICATIF PRÉSENT. Je chanceler, tu amonceler, il caqueter, nous rappeler, vous projeter, ils ruisseler.

IMPARFAIT. Je crocheter, tu niveler, il étinceler, nous empaqueter, vous épeler, ils fureter.

PASSÉ DÉFINI. Je feuilleter, tu briqueter, il ressemeler, nous carreler, vous canneler, ils peler.

FUTUR. Je souffleter, tu harceler, il geler, nous celer, vous déceler, ils renouveler.

CONDITIONNEL PRÉSENT. Je révéler, tu répéter, ils végéter, nous refléter, vous clocheter, ils racheter.

SUBJONCTIF PRÉSENT. Je compléter, tu recéler, il déceler, nous dépecer, vous cacheter, ils atteler.

IMPARFAIT DU SUBJONCTIF. Je nuancer, tu ciseler, il dégeler, nous décréter, vous céler, ils inquiéter.

7. *Mettre les verbes ci-dessous au temps indiqué.* (GRAMM. N° 150.)

INDICATIF PRÉSENT. Je feuilleter, tu dépaqueter, il rejeter, nous morceler, vous vergeter, ils renouveler.

IMPARFAIT. Je ficeler, tu décacheter, il épeler, nous rappeler, vous caqueter, ils peler.

PASSÉ DÉFINI. Je souffleter, tu ensorceler, il appeler nous dételer, vous ruisseler, ils carreler.

FUTUR. Je jeter, tu tacheter, il clocheter, nous acheter, vous becqueter, ils amonceler.

CONDITIONNEL PRÉSENT. Je modeler, tu dételer, il amonceler, nous étinceler, vous répéter, ils végéter.

IMPÉRATIF. Compléter, révéler, jeter,

SUBJONCTIF PRÉSENT. Je racheter, tu renouveler, il projeter, nous morceler, vous niveler, ils chanceler.

IMPARFAIT DU SUBJONCTIF. Je feuilleter, tu étiqueter, il rappeler, nous répéter, vous niveler, ils appeler.

8. *Mettre les verbes ci-dessous au temps indiqué.* (GRAMM. N°s 151 et 152.)

INDICATIF PRÉSENT. Je balayer, tu bégayer, il apprécier, nous allier, vous déblayer, ils déprécier.

IMPARFAIT. Je remblayer, tu associer, il défrayer, nous certifier, vous délayer, ils colorier.

PASSÉ DÉFINI. Je copier, tu crier, il dédier, nous effrayer, vous égayer, ils enrayer.

FUTUR. Je frayer, tu essayer, il enrayer, nous défier, vous contrarier, ils confier.

CONDITIONNEL PRÉSENT. Je désennuyer, tu appuyer, il vérifier, nous varier, vous supplier, ils simplifier.

IMPÉRATIF. Tutoyer, renvoyer, remercier.

SUBJONCTIF PRÉSENT. Je publier, tu déplier, il plier, nous oublier, vous déployer, ils coudoyer.

IMPARFAIT DU SUBJONCTIF. Je fortifier, tu initier, il broyer, nous relayer, vous expédier, ils étudier.

9. *Mettre les verbes ci-dessous au temps indiqué.* (GRAMM. N°s 151 et 152.)

INDICATIF PRÉSENT. Je balbutier, tu calomnier, il appuyer, nous congédier, vous ennuyer, ils charroyer.

IMPARFAIT. Je délayer, tu bégayer, il planchéier, nous orthographier, vous déblayer, ils frayer.

PASSÉ DÉFINI. Je déployer, tu essuyer, il plier, nous grasseyer, vous employer, ils noyer.

FUTUR. Je soudoyer, tu tutoyer, il essayer, nous trier, vous varier, ils vérifier.

CONDITIONNEL PRÉSENT. Je gratifier, tu humilier, il oublier, nous envier, vous disgracier, ils monnayer.

IMPÉRATIF. Nettoyer, foudroyer, bégayer.

SUBJONCTIF PRÉSENT. Je noyer, tu qualifier, il scier, nous cotoyer, vous octroyer, ils charroyer.

IMPARFAIT DU SUBJONCTIF. Je spolier, tu vicier, il balayer, nous nettoyer, vous employer, ils sacrifier.

10. *Mettre les verbes ci-dessous au temps indiqué.* (GRAMM. N°s 153 et 154.)

INDICATIF PRÉSENT. Je lever, tu achever, il lécher, nous suppléer, vous récréer, ils créer.

IMPARFAIT. Je célébrer, tu aérer, il adhérer, nous peser, vous agréer, ils sieger.

PASSÉ DÉFINI. Je suggérer, tu préférer, il hébéter, nous différer, vous allécher, ils adhérer.

FUTUR. Je mener, tu peser, il posséder, nous agréer, vous récréer, ils réintégrer.

CONDITIONNEL PRÉSENT. Je fréter, tu impétrer, il suggérer, nous grever, vous relever, ils amener.

IMPÉRATIF. Alléguer, différer, promener.

SUBJONCTIF PRÉSENT. Je peser, tu semer, il ramener, nous élever, vous imprégner, ils considérer.

IMPARFAIT DU SUBJONCTIF. Je posséder, tu empiéter, il célébrer, nous differer, vous suppléer, ils récréer.

1. *Conjuguer à tous les temps les trois verbes suivants* : haïr, fleurir *et* bénir. (GRAMM. Nos 156, 157 et 158.)

1. *Transcrire les phrases suivantes, en faisant accorder le verbe avec son sujet.* (GRAMM. N° 178.)

J'avance, tu — ils — . J'interrogeai, il — Pierre et Paul — vous — . J'ai renoncé, tu as — ces personnes — . Tu effaçais, ils — ces gens — nous — vous — . Que je partage, que tu — que vous — qu'elles — . Que nous fustigeassions, que tu — qu'il — qu'ils — . Que je change, que tu — que ces gens — . Je vous devançais, il nous — tu me — ils se — .

2. *Même exercice sur les verbes qui suivent.* (GRAMM. N° 178.)

Je vous annonce, tu nous — elle nous — nous vous — elles nous — . Je vous dédommageai, tu nous — ces gens nous — . Il faut que tu voyages, qu'elle — que vous — qu'ils — . Il effaça, tu — j' — ils — . Ils me dénoncèrent, on me — tu me — . Elle commence, tu commences, Antoine et Jean — vous — ils — . Il vendangeait, tu — vous — ils — . Tu nous amorçais, je vous — ils nous — il nous — . Que je me balance, que tu te — que vous — qu'ils se — .

3. *Transcrire les phrases suivantes, en faisant accorder le verbe avec son sujet.* (GRAMM. N° 178.)

Il chancelle, tu — vous — ils — . J'attelai, tu — vous —

Jean et Pierre —. Il jette, tu — on — chacun — vous — ils —. Il nous ensorcelle, tu m' — vous nous — ils nous —. Que je feuillette, que tu — qu'Emile — que tous ces élèves — qu'il —. Je nivelle, tu — nous — elles —. Nous révélons, tu — ils — je —. Que tu ficelles, qu'ils — que Jean —. J'interprète, tu — vous — ils —.

4. *Même exercice sur les verbes qui suivent.* (GRAMM. N° 178.)

Je décachette, tu — vous — elles —. Je répète, ils —. Ils étincelaient, j' — tu —. Que nous renouvelions, qu'ils — que tu — qu'il — que chacun — que tous — qu'on —. Je projette, tu — Antoine — mes parents — chacun —. J'ai amoncelé, tu as — vous avez — que nous amocelassions, que tu — qu'il — que j' —. Je furette, tu — vous — chacun — elle — ils —.

5. *Transcrire les phrases suivantes, en faisant accorder le verbe avec son sujet.* (GRAMM. N° 178.)

J'envoie, tu — elles —. J'employai, il — vous — elles —. Je m'appuie, tu t' — Jean et Robert — vous vous — elles —. Il faut que je nettoie, que vos camarades —. Je priais, mes sœurs — nous — vous —. Je me défie, tu te — ils se — on se —. Je m'ennuie, tu t' — on s' — ils —. J'essayai, tu — vous — ils —. J'étudiais, tu — vous — ils —. Que je me fortifie, que tu te — que nous nous — que vous vous — qu'elles se —. Il délaie, je — tu — vous — ils —. Tu déblayas, je — nous — ils.

6. *Même exercice sur les verbes qui suivent.* (GRAMM. N° 178.)

Je te supplie, tu me — vous me — ils me —. Que je publiasse, que tu — qu'elles — que chacun — que tous —. Je balaie, tu —. Nous nettoyons, tu — elles — mes condisciples — chacun —. Je me défie, tu te — nous nous — ils se —. Je certifiais, tu — nous — vous — les uns et les autres —.

7. *Transcrire les phrases suivantes, en faisant accorder le verbe avec son sujet.* (GRAMM. N° 178.)

Je lève, tu — nous — ils —. Elle répète, tu — nous — ils —. Je mène, tu — nous — André et Isidore —. Il élève, tu — mes parents —. Je célébrais, il — nous — ils —. Je me récrée, tu te — vous vous — elles se —. Vous semez, tu — on — ils — nous —. Je diffère, tu — chacun — nous — ils. — J'adhère, tu — vous — tous —. Il pèse, tu — vous — ils —.

8. *Même exercice sur les verbes qui suivent.* GRAMM. N° 178.)

Il aére, tu — nous — ils —. Je supplie, tu — vous — ils —. Tu me hais, il me — vous me — ils me — que vous haïssiez, que — que tu — malheur à celui qui — son frère. Voilà du pain béni ou bénit. Les drapeaux ont été bénits ou bénis. Les sciences et les lettres florissaient ou fleurissaient sous Louis XIV. Son règne fut un des plus fleurissants ou florissants. Athènes florissait ou fleurissait sous Périclès. Tu hais les romans ; je les — encore plus que toi. Nation bénie ou bénite de Dieu.

9. *Mettre les verbes suivants au présent de l'indicatif, et les faire accorder avec le sujet.* (GRAMM. N° 178.)

Par nos fautes nous *changer* souvent notre bonheur en misère. *J'employer* utilement mon temps et je ne *m'ennuyer* pas. Mon frère et ma sœur *étudier*. Vous *m'apprendre* une triste nouvelle. Les chiens *aboyer*. Quand on *courir* après l'esprit on en *venir* presque toujours à la sottise. Je vous *plaindre* de la perte que vous *faire*. On *flatter* les princes, mais il est rare qu'on les *aimer*. *J'accepter*. Tu *recevoir* de bons conseils et tu ne les *suivre* pas.

10. *Même exercice sur les phrases qui suivent.* (GRAMM. N° 178.)

Je *plaindre* les malheureux. Tu *cueillir* des fruits. Je *craindre* Dieu, et après Dieu je *craindre* celui qui ne le *craindre* pas. Vous *ménager* votre temps. Je *croire*, mon fils, que tu *mentir*. Je *tenir* mes engagements. Si tu *haïr* tes vices, tu *être* à demi *corriger*. Les petits cadeaux *entretenir* l'amitié. Vos meilleurs amis *cesser* de vous aimer, vous *médire* toujours d'eux et vous les *contrefaire* sans cesse. Tu *t'appuyer* sur moi. Ces lectures nous *distraire*. Je *m'asseoir* sur ce banc. Ceux qui *passer* pour généreux *acquérir* souvent cette réputation à bon marché.

11. *Mettre les verbes suivants à l'indicatif présent ou au subjonctif présent, et les faire accorder avec le sujet.* (GRAMM. N° 178.)

Il *falloir* que tu *céder* ou que tu *dire* pourquoi. Nous *pardonner* volontiers aux personnes qui nous *ennuyer*, mais nous ne *pouvoir* pardonner à celles que nous *ennuyer*. Je vous les *peindre* comme on me les *peindre*. Je *sortir* malade et je *revenir* guéri. Tu *dormir*, mon enfant. *Falloir-il* que tu me *réveiller* si brusquement. *Penser-tu* qu'il *agréer* ma proposition.

12. *Même exercice sur les phrases qui suivent.* (GRAMM. N° 178.)

Le monde *mourir* sans cesse et sans cesse *renaître* de ses cendres. Le feu qui semble *éteindre dormir* souvent sous la cendre. Je *partir* demain, mes frères *venir*. Je *tenir* parole. Il *falloir* que tu *assujetir* ces soldats à la discipline. Je *plier* et ne *rompre* pas. Quand je *dormir*, tout mon monde *dormir*. Malheureux! tu *renvoyer* ta conversion à demain. La grâce nous *appuyer* et nous *soutenir* dans la tentation. Je ne *vouloir*, ni ne *pouvoir*, ni ne *devoir* vous suivre. Elle *s'asseoir* par terre. Il *falloir* que l'homme *mourir*, mais il ne *mourir* pas tout entier.

13. *Mettre les verbes suivants au passé défini, et les faire accorder avec le sujet.* (GRAMM. N° 178.)

Il *résoudre* de changer de conduite et il *changer* en effet. Je *coudre* l'autre jour ce pantalon. Nous *partir* ensemble de grand matin, nous *parcourir* la forêt et nous *revenir* le soir fatigués et contents. Eve *cueillir* et *manger* du fruit défendu. Les débordements des fleuves *ravager* ces riches contrées. Le travail et le courage *venir*, et l'aisance avec eux. Nous *courir* à son secours. Je *partir* au lever de l'aurore. Alexandre *vaincre* les Perses.

14. *Mettre les verbes suivants à l'impératif, et les faire accorder avec le sujet.* (GRAMM. N° 178.)

Asseoir-toi. *Acquérir* de la science et de la vertu et puis *reposer-toi*. *Employer* mieux ton temps. Ne *médire* de personne. *Voir* ce que dit le Code. *Prendre* un marteau et *revenir*. *Taire-toi*, bavard, *descendre*. *Fuir* les mauvaises compagnies. *Sortir*. *Corriger-nous* de nos défauts pendant que nous sommes jeunes Ne *haïr* pas ton prochain, *faire* du bien à tes ennemis, ne *dire* du mal de personne. *Venir* vite ou je m'en vais.

15. *Transcrire les phrases suivantes, et faire accorder le verbe en nombre et en personne avec son sujet.* (GRAMM. N° 178.)

J'écris, vos frères — vous —. Ces soldats dorment, je — vous — tu — Le dogue aboie, les autres chiens —. Il faut que je sorte, que tu — que mon oncle et ma tante — que tous —. Je me suis ennuyé, tu — il — chacun —. Il sait lire, tu — elles — je —. Vous voulez partir, je — elles —. Vous partirez, votre fermier et moi — vous et vos parents —. André nous a écrit, Antoine et Paul nous —.

16. *Même exercice sur les phrases qui suivent.* (GRAMM. N° 178.)

J'ai été à Rome, votre père et moi — lontemps ennemis. Tu t'épuises, l'or et l'argent —. André m'a écrit, André et Joseph — tu m' —. Vous sortez, tu — les élèves —. Je désire que tu sois heureux, que vous — que tes frères — que tous — heureux. Ce chien m'a mordu, ces chiens — ceux-là —. Adèle apprend à lire, Alfred et Paul — tu —. Tu habites une jolie maison ; c'est dans les chaumières qu' — la paix et le bonheur. Tu naquis le 1er septembre, votre père et moi — le même jour. Tu vas à la campagne, vous — à la campagne.

REMARQUES.

Les élèves confondent souvent l'adjectif possessif *ses* avec *ces* adjectif démonstratif. *Ses* marque la possession : *Cette pauvre femme aime trop ses enfants*, c'est-à-dire les siens ; *chaque homme a ses défauts*, c'est-à dire les siens. *Ces* exprime une idée d'indication : *eh, l'ami, vois-tu ces gens qui courent là-bas? Jésus dit à ses disciples laissez venir à moi ces petits enfants*. Il y a aussi un moyen mécanique de les distinguer, c'est de mettre la phrase au singulier.

Ainsi, dans le dernier exemple cite, on dirait : *Jesus dit à son disciple : laissez venir a moi ce petit enfant*. Dans le premier cas, on voit qu'il faut l'adjectif possessif, et, dans le second, l'adjectif demonstratif.

L'infinitif des verbes de la première conjugaison est aussi souvent confondu avec le participe passe. Pour les distinguer, il suffit d employer un des verbes des trois autres conjugaisons. Ex. : *Il a éte se promener ; mais il est près de rentrer*. On voit qu'il faut ici des infinitifs car on pourrait dire : il a ete se distraire, mais il ne tardera pas à revenir.

La lettre finale du participe passé masculin est aussi un embarras : pour la reconnaître, il suffit de retrancher l'*e* muet du participe passe feminin. Ex. : *Ce tableau est peint admirablement*. Retranchez l'*e* muet du feminin *peinte*, et il reste un *t* pour lettre finale du participe masculin singulier. Il faut excepter *absous* et *dissous*, dont le feminin fait *absoute*, *dissoute*.

Le passe defini, *il aima*, *il rendit*, et l'imparfait du subjonctif, *qu'il aimât*, *qu'il rendît* *Cet*, *c'est*, *s'est*, *sait*, *ont* et *on*, *est* et *ait* voila autant d homonymes dont la distinction embarrasse les eleves. Dans le corrige des Exercices, nous donnons une série de dictees ou se trouvent exposees et resolues ces petites difficultes.

17. *Mettre au participe passé les verbes écrits en italique.*

Pierre a *apprendre* sa leçon. Antoine est *sortir* le premier. Votre affaire a *réussir*. L'enfant s'est *asseoir*. Nous avons *faire* notre possible. J'ai éte *trahir*. Voilà ce qui s'est *offrir* à mes regards. Il a bien *courir*, néanmoins nous l'avons *atteindre*. J'ai peu *souffrir*. Le poisson sera *prendre* et *frire*. Celui qui a *commettre* une faute et qui s'en est *repentir* est *absoudre*. Dès que j'ai été *sortir*, Emile est *rentrer*.

18. La main qui a *fuir* le travail a toujours *produire* l'indigence. Joseph m'a *dire* tout ce qu'il avait *penser* et *faire*. L'enfant a *joindre* les mains, puis il a *faire* sa priere ; il a *lire*, il a *écrire* : je trouve qu'il a bien *apprendre* : son maître est d'ailleurs fort *instruire*. On n'a jamais *plaindre* celui qui est *mourir* pour sa patrie. On m'a *conduire* sur les lieux et j'ai *voir* que tout avait été *détruire*.

DU PARTICIPE.

1. *Souligner par deux traits les participes présents, et par un seul trait les participes passés*. (GRAMM. N° 180.)

Menacé de la mort par ses matelots qui voulaient retourner en Europe, Christophe Colomb leur avait demandé d'attendre trois jours encore, espérant que ce temps lui suffirait pour découvrir la terre. Au lever du soleil du deuxième jour, des joncs fraîchement déracinés apparurent autour des vaisseaux. Une planche, travaillée avec la hache, un bâton artistement ciselé à l'aide d'un instrument tranchant, une branche d'aubépine en fleur, enfin un nid d'oiseau suspendu à une branche rompue par le vent, rempli d'œufs que la mère couvait encore au doux roulis des vagues, flottèrent successivement sur les eaux. Les matelots recueillirent à bord ces témoins écrits, parlants et vivants, d'une terre voisine. Les séditieux tombèrent à genoux devant l'homme outragé la veille, et entonnèrent une hymne de reconnaissance au Dieu qui les avait associés à son triomphe. La nuit tomba sur ces chants de l'église qui saluaient un monde nouveau. Colomb ne dormit point, il était en proie à l'angoisse, lorsqu'un coup de canon, retentissant sur l'Océan, à peu de distance de lui, le fit tressaillir. C'était le signal de découverte donné par un des vaisseaux de la petite flotte. Aussitôt tous les matelots poussèrent ensemble le cri d'arrivée : « Terre! terre! » L'Amérique était découverte.

2. *Transcrire les phrases suivantes, en faisant accorder les participes.* (GRAMM. n° 181.)

La croix arboré; les eaux salé; les fruits cueilli; les vents déchaîné; la jeunesse inexpérimenté; les leçons appris; l'oreille déchiré; la pomme et la poire mûr; les blessures pansé; la lettre écrit; les arbres planté; des personnes instruit; la cour clos; une proposition agréé; des bornes reculé; voilà le frère et la sœur réuni; voilà des leçons su, bien récité, mais mal compris. Cent années passé dans l'oisiveté ne valent pas une heure bien employé.

3. *Même exercice sur les phrases qui suivent.* (GRAMM. N° 181.)

Les fleurs, les fruits, les grains perfectionné, multiplié à l'infini ; les espèces utiles d'animaux transporté, propagé, augmenté, sans nombre ; les espèces nuisibles, réduit, confiné, relégué ; les torrents contenu, les fleuves dirigé, resserré; la mer même soumis, reconnu, traversé d'un hémisphère à l'autre; la terre partout rendu aussi vivante que feconde; les collines chargé de vignes et de fruits ; les déserts devenu des cités habité par un peuple immense; des routes ouvert ou fréquenté, des communications établi partout: telles sont les preuves irrécusables de la gloire et de la puissance de l'homme.

4. *Transcrire les phrases suivantes, en faisant accorder les participes.* (GRAMM. N° 182.)

Nous oublions aisément nos fautes lorsqu'elles ne sont su que de nous. La vertu timide est souvent méprisé. Le papier, les vitres et les cheminées n'étaient pas connu des Romains. A chaque condition sont joint des dégoûts; à chaque état sont attaché des amertumes. Les hommes sont naturellement porté à la compassion; et elle est toujours augmenté par les maux dont sont frappé nos yeux. Que seraient devenu mon frère et ma sœur s'ils n'avaient été protégé et secouru par vous. De grandes fortunes ont été acquis et renversé en peu de temps. Je dois être soumis aux lois, car elles sont établi pour le bonheur de la société. De grandes améliorations sont introduit dans notre agriculture. Votre cousine est sorti. Votre sœur est rentré. C'est là que la faim est rassasié, que la nudité est revêtu, que l'infirmité est guéri, que l'affliction est consolé, que l'ignorance est instruit. Les montagnes les plus élevé sont composé de couches parallèles.

5. *Transcrire les phrases suivantes, en faisant accorder les participes.* (GRAMM. N°s 181, 182 et 183.)

Il y a des sottises bien habillé comme il y a des sots bien vêtu. Les meilleures harangues sont celles que le cœur a dicté. Les plus fortes inclinations sont celles qu'on a pris dans l'enfance. Nous acceptons les conditions que vous nous avez offert. On trouve très-beaux les cantiques que vous avez chanté. Il ne faut pas coucher dans des chambres où sont renfermé des fleurs. Cette rose épanoui n'est pas celle que j'ai cueilli. Contre le mur était collé une image de la Sainte-Vierge. Le médecin a ordonné qu'on lui mît la moutarde aux jambes. On a brisé une vitre. Ces dames sont allé à ta rencontre. J'ai appris des leçons aussi difficiles que celles que vous avez récité ; je les ai appris pendant que vous avez récité les vôtres. Ces enfants ont mangé les belles pommes que votre sœur nous avait envoyé. Vous avez fait beaucoup de fautes que vous auriez pu éviter si vous aviez apporté à votre travail moins de légèreté.

6. *Même exercice sur les phrases qui suivent.* (GRAMM. N°ˢ 181, 182 et 183.)

Les plantes que tu as soigné ont poussé rapidement. Quelle satisfaction ne vous serait-il pas revenu de ces jours passés dans des amusements frivoles, s'ils avaient été employé à acquérir la science et la vertu ! Nos lois sont suivi par plusieurs nations, nos chefs-d'œuvre traduit dans toutes les langues, nos modes adopté par les pays amateurs de bon goût, notre langue répandu dans toutes les sociétés polies de l'Europe, notre bravoure nationale prouvé par de glorieux triomphes, nos vertus hospitalières mis à l'épreuve par tous les étrangers. Que de motifs pour se vanter d'être Français ! J'ai la lettre que vous m'avez écrit. Les livres que vous nous avez prêté nous ont beaucoup servi.

DE L'ADVERBE.

1. *Transcrire les phrases suivantes, et souligner d'un trait les adverbes, et de deux traits les locutions adverbiales.* (GRAMM. N°ˢ 185 et 186.)

Le monde est si corrompu que l'on acquiert la réputation d'homme de bien seulement en ne faisant pas le mal. Tous les maux sont depuis longtemps hors de la boîte de Pandore, mais l'espérance est encore dedans. Mon frère arrivera aujourd'hui et nous partirons demain. La terre tourne autour du soleil dans l'espace d'un an. Un jeune homme ne saurait parler de lui trop modestement.

2. *Même exercice sur les phrases suivantes.* (GRAMM. nos 185 et 186.)

Plus les coffres du défunt sont pleins, moins les héritiers versent de larmes. N'entreprenons rien sans y avoir d'abord longtemps réfléchi. Je parvins à un endroit où les vagues, fortement comprimées, se heurtaient violemment les unes contre les autres. Il vaut mieux finir plus tôt que plus tard. Quand j'entends des médisances, je ne les répète jamais. Il faut que les enfants obéissent tout de suite. Les soldats se rangerent autour du drapeau.

DE LA PRÉPOSITION.

3. *Transcrire les phrases suivantes, et souligner d'un trait les prépositions, et de deux traits les locutions prépositives.* (GRAMM. nos 189 et 190.)

On n'entendait que le bruit d'un ruisseau tombant à gros bouillons et s'enfuyant à travers la prairie. Ne courez jamais au-devant du danger. La pluie tomba sur la terre pendant quarante jours et quarante nuits. Il n'est point de noblesse où la vertu n'est pas. Combien de siècles se sont écoulés avant que les hommes aient pu revenir au goût des anciens. Nous ne voyons les choses qu'à travers nos préjugés. Accepter une vie malheureuse, plutôt que de s'y soustraire lâchement, voilà la vraie vertu.

4. *Même exercice sur les phrases qui suivent.* (GRAMM. nos 189 et 190.)

Parmi de grandes vertus il y a souvent de grands défauts. Cet homme a le cœur bon : quant à la tête, elle est mauvaise. J'ai trouvé un oiseau sous un arbre, vers la porte du jardin, vis-à-vis de la maison du jardinier. Malgré ses occupations, il s'est promené ce matin pendant deux heures. Il y a eu de longues guerres entre les Français et les Anglais. L'indulgence pour le vice est une conspiration contre la vertu. Qui n'est pas généreux est près d'être injuste. Il y a une maison à louer en face de la nôtre, au-delà de la rivière. J'ai marché depuis le matin jusqu'au soir.

DE LA CONJONCTION.

5. *Transcrire les phrases suivantes, et souligner d'un trait les conjonctions, et de deux traits les locutions conjonctives.* (GRAMM. nos 192 et 193.)

Personne ne peut servir deux maîtres, car, ou il haïra l'un et aimera l'autre, ou il respectera l'un et méprisera l'autre. La paresse va si lentement que la pauvreté l'atteint bientôt. Les hommes, comme les enfants, retombent souvent dans les mêmes fautes, quoiqu'on les ait bien souvent avertis, et quoi qu'on leur dise pour les corriger. J'irai à Paris, à moins que mon père ne s'y oppose.

6. *Même exercice sur les phrases suivantes.* (GRAMM. nos 192 et 193.)

La prospérité, de même que l'infortune, éprouve la vertu. Un prince n'est grand qu'autant qu'il est juste. L'avare amasse sans cesse. La guerre a ses faveurs ainsi que ses disgrâces. Certaines fleurs et certains insectes naissent et meurent le même jour. Remuez votre champ, dès qu'on aura fait l'août. Cet homme se donne beaucoup de mal et ne réussit à rien. Cachez-lui bien votre dessein, de peur qu'il ne le traverse. S'est-il passé un seul jour sans que Dieu nous ait donné une leçon par quelque grand exemple? L'homme impatient rompt les branches pour cueillir le fruit avant qu'il soit mûr.

DE L'INTERJECTION.

7. *Transcrire les phrases suivantes, et souligner les interjections.* (GRAMM. n° 194.)

Ah! que de la vertu les charmes sont puissants. Hé!

Messieurs, arrivez donc, la voiture va partir! Ha! c'est trop fort. O véritable religion, que tes délices sont puissantes sur les cœurs! Holà! ho! descendez que l'on ne vous le dise. Hé! vous, par ici! Eh quoi! vous êtes encore là! Hélas! que je suis malheureux! Tu es sale, fi donc! Grand Dieu! que je suis à plaindre! Tout beau! l'ami, donnez-moi cent écus et vous aurez la mule. Tu t'en vas; juste ciel! que vais-je devenir! Chut, paix! le voilà qui arrive. Hé quoi! vous n'êtes pas encore parti! Oh! quelle chute! O mon Dieu! O mon père! Eh bien, soit! nous partirons ensemble. Hé l'ami!

PARTIE COMPLÉMENTAIRE DE L'ORTHOGRAPHE

EMPLOI DES MAJUSCULES.

(*Gramm. n°s* 195, 196 *et* 197.)

1. la providence sait ce qu'il nous faut mieux que nous.
2. les portugais ont de grandes possessions en afrique.
3. rendez à césar ce qui est à césar, et à dieu ce qui est à dieu.
4. les hirondelles traversent quelquefois la méditerranée tout d'une volée.
5. les athéniens renversèrent les statues de démétrius.
6. les dix mille grecs avaient été ramenés par xénophon des plaines de la babylonie.
7. sur les ailes du temps la tristesse s'envole.
8. saint ambroise est le fenelon des pères de l'église, et tertullien en est le bossuet.
9. on donne cent bouches à la renommée.
10. le tibre a son embouchure dans la méditerranée, la seine a embouchure dans l'océan atlantique.
11. la géographie et l'histoire sont deux sciences inséparables.
12. l'anglais invente, le français perfectionne.
13. charles le téméraire, duc de bourgogne, fit enfermer louis XI dans le château de péronne.
14. didon a fondé sur la côte d'afrique une superbe ville appelée carthage.

15. saint louis montra un courage héroïque au combat de taillebourg.
16. saint jerôme dit qu'il y avait à jérusalem un orgue qu'on entendait du mont des olives.

DU NOMBRE DE QUELQUES NOMS.

(*Gramm. n°* 198, 199 *et* 200.

1. Tous les siècles ne produisent pas des Racine et des Corneille.
2. Les trois Horaces combattirent pour Rome et les trois Curiaces pour Albe.
3. Si les Neron, les Tibere, les Héliogabale ont flétri leur règne par leurs atrocités; les Auguste, les Vespasien, les Trajan, les Alexandre-Sevère et les Antonin-le-Pieux ont illustré le leur par de grandes vertus.
4. Les Augustin et les Madeleine nous offrent de beaux modeles de conversion et de pénitence.
5. Les Achille ne trouvent pas toujours des Homère pour célebrer leurs hauts faits.
6. Le musée du Louvre possède plusieurs Raphaël.
7. Louis fit des Boileau, Auguste, des Virgile.
8. Les Stuart ont régné en Angleterre.
9. Les Vauban et les Catinat ont honoré leur siècle.
10. Que de Pradon s'érigent en Corneille!

DES NOMS ÉTRANGERS.

(*Gramm, n°* 201, 202, 203, 204 *et* 205.)

11. Les mauvais écoliers sont accablés de pensum et privés d'exéat; les bons obtiennent des satisfécit et ont, à la fin de l'année, des prix ou des accessit.
12. Les lazzaroni forment une grande partie de la population de Naples.
13. Les ex-voto sont des offrandes faites à la suite d'un vœu.
14. Il y a dans tous les opéra de Rossini des solo et des duo charmants.
15. J'ai dans ma bibliothèque des in-folio, des in-quarto,

des in-octavo et beaucoup d'in-douze. Les Te Deum des rois sont les de profundis des peuples.

16. Les album de ces deux Anglais sont remplis.
17. Les lazzi et les quolibet de ces batteleurs excitent les bravo des spectateurs.
18. Mon cher enfant, les post-scriptum de vos lettres accusent un peu de négligence.
19. Plusieurs peu font un beaucoup.
20. J'ai reçu enfin les trois duplicata promis et si impatiemment attendus.

NOMS COMPOSÉS.

(*Gramm.* *n*os 208, 209, 210, 211 *et* 212.)

1. Parmi les Hôtel-Dieu, celui de Lyon est un des plus beaux et des mieux tenus.
2. Je vais te lire deux ou trois bout-rimé que mon oncle a composés.
3. Presque tous les tableaux de ces peintres sont des chefs-d'œuvre.
4. Les Cosaques sont ordinairement les avant-coureurs des armées russes.
5. Les petit-maître craignent beaucoup les qu'en-dira-t-on.
6. Dans l'île de Chypre les chèvre-feuille embaument l'air en toute saison.
7. Mes arrière-neveu me devront cet ombrage.
8. Les chou-fleur viennent mieux dans ce carré que les chou-rave.
9. Les lois sont les arc-boutant de la société : n'en sont-elles pas aussi les garde-fou?
10. On n'est pas un Archimède pour avoir inventé des casse-noisette ou des brûle-tout, ni des Corneille pour avoir rempli des bout-rimé.
11. Près des garde-manger, il y a ordinairement des essuie-main.
12. Les deux plus âgés de ces jeunes gens sont des boute-en-train, et les deux autres des sournois et des pince-sans-rire.
13. Ces forêts sont remplies de chat-huant, de coupe-gorge et de coupe-jarret.

14. Dans les tête-à-tête que nous avons ensemble nous faisons de nombreux coq-à-l'âne.
15. Lorsque ces deux arc-en-ciel parurent, nous ramassions des feuilles de mûrier pour nos ver-à-soie.
16. Ce marchand avait dans sa boutique des couvre-plat, des tire-bouchon, des tire-botte, des cure-dent, des porte-mouchette, etc.
17. J'ai vu au cabinet d'histoire naturelle des poisson-volant, des chat-huant et des chauve-souris.
18. Nous courons en collin-maillard après le plaisir, et lorsque, après l'avoir saisi, nous ôtons le bandeau, ce n'est plus ce que nous avions pensé.
19. Les premières idées s'effacent difficilement : tel qui a cru aux loup-garou dans son enfance, y croit encore dans un âge avancé.
20. La Convention avait organisé des écoles centrales dans tous les chef-lieu de la République.

ACCORD DE L'ADJECTIF.

(*Gramm. n°* 213 *et suivants.*)

1. La vrai modestie a un naturel, une bonhomie inimitable.
2. L'aigle fend les airs avec une vitesse, une rapidité prodigieux.
3. J'ai lu une histoire et une fable amusant.
4. Les Samoièdes se nourrissent de chair ou de poisson cru.
5. Le goût du jeu ne captive qu'un cœur ou un esprit vide.
6. Le barbet a des oreilles long et pendant, la queue et le corps couvert de long poils.
7. Ce qu'il y a de plus charmant en cet homme, c'est une douceur et une égalité d'esprit merveilleux.
8. C'est votre bienfaiteur : ayez pour lui des soins, des égards, un cœur reconnaissant.
9. Ce duvet et ces soies sont très-serré, très-fourni et très-doux au toucher.
10. La vie des hommes doit être rempli de ménagement et de complaisance continuel.
11. La nature a, pour les âmes sensibles, un charme, une beauté toujours nouveau.

12. J'ai trouvé mon pere et ma mere mort.
13. Aura-t-il la prudence, la sagesse nécessaire pour conduire une entreprise, une affaire délicat?
14. Cet homme a la vue et l'ouie tres-fin.
15. Il y a dans les fables de La Fontaine une élévation et une simplicité de style toujours naturel, toujours approprié au sujet.
16. Le fer, le bandeau, la flamme est tout prêt.
17. J'ai couru nu-pieds plus d'une demi-heure.
18. N'employez jamais ni demi-mesures, ni demi-moyens; et, lorsque vous voudrez savoir une chose, apprenez-la plutôt une fois et demi qu'une demi-fois.
19 Une vérité toute nu vaut mieux que le mensonge orné des fleurs de l'éloquence.
20. Les Lapons sont haut de quatre pieds et demi au plus.
21. Le calme, ainsi que la noblesse de Socrate à ses derniers moments, est surprenant.
22. Ils etaient nu-tête et jambes nu, les pieds chaussés de petites sandales.
23. Vous trouverez ci-joint les billets de banque que votre feu tante m'avait confié.
24. J'arriverai à midi et demi, une demi-heure avant vous, et nous repartirons vers deux heures et demi.
25. Tout est périssable, la vertu excepté.
26. La lumiere du soleil nous arrive en moins de huit minutes et demi.
27. Saint-Louis porta les saintes reliques nu-pieds et tête nu, depuis Vincennes jusqu'à Notre-Dame.
28. Ils ont tous péri, excepté cinq ou six personnes.
29. Il a dix mille francs de revenu, non compris la maison où il loge.
30. On rapporte ce mot d'un tyran: Les cadavres de mes ennemis sentent toujours bon.
31. Des figuiers et des orangers sauvages clair-semé étalaient au vent leurs feuilles demi-flétri.
32. L'abbé de l'Epée fonda une institution de sourd-muet, la première qui ait existé.
33. Vous avez le bras ou la jambe trop court.
34. Ces fleurs frais cueilli sentent fort bon.
35. Voilà des enfants nouveau-né, une fille nouveau-né.
36. Ma lettre a dû vous parvenir franc de port.

37. Ces étoffes qui étaient vert-clair, je les ai fait teindre vert foncé.
38. Ce jardinier a des pois clair-semé.
39. Ces femmes chantent juste.
40. Des rubans ponceau ou des fleurs rouge-foncé, siéent bien dans une chevelure.
41. Les Polonais ne trouvent pas l'huile bon si elle ne sent pas fort.
42. Cette montre donne les heures et les demi.
43. Néron avait les cheveux châtain-clair, les yeux bleu-foncé et la vue basse.
44. Chacun doit parler de soi avec une discrétion, une retenue extrême.
45. Quoi de plus dégoûtant que de voir des hommes ivre-mort.
46. Sous la loi de Moïse on offrait à Dieu les enfants premier-né.

ACCORD DES ADJECTIFS DÉTERMINATIFS :

(*Gramm. n° 225 et suivants.*)

1. La première irruption des Gaulois arriva sous le règne de Tarquin, environ l'an du monde trois mille quatre cent-seize.
2. Un des plus celèbres édifices de Chine est la tour de porcelaine, haute de deux cent quatre-vingt pieds, et au sommet de laquelle on arrive par un escalier qui a quatre cent marches.
3. L'armée des alliés se composait de quatre-vingt-dix mil hommes, non compris un corps auxiliaire de cent soixante-seize mil fantassins.
4. C'est l'an du monde deux mille trois cent huit qu'arriva le déluge.
5. Le Gange parcourt plus de dix-huit cent mil.
6. Mes appointements s'élèvent à trois mil cinq cent cinquante francs.
7. Cherchez à la page quatre cent, et vous trouverez la réponse demandee.
8. En Angleterre, on fait ordinairement trente mille à l'heure par les chemins de fer.
9. Quel que soient vos vertus, quel que soient vos talents, quel que grande que soit votre modestie, ne croyez pas échapper à l'envie.

10. L'homme, tenant de Dieu tout sa gloire, doit la lui rapporter tout entière.
11. C'est en mille trois cent quarante-cinq qu'il est fait mention pour la première fois de la poudre à canon. Un siecle plus tard, en mille quatre cent quarante, Guttemberg découvrait l'imprimerie.
12. La jeunesse est d'abord tout yeux et tout oreilles; mais son zèle s'éteint bientôt, et on la trouve tout autre quelques jours après.
13. Quelle que remarquables que soicnt vos connaissances, quelle que expérience que vous ayez acquise, n'oubliez pas que tous ces avantages, tout réels qu'ils peuvent être, ne sont rien sans la modestie.
14. Ces deux enfants sont freres ; ils ont perdu leur père.
15. Il ne faut jamais fai balancer les hommes entre leur intérêt et leur conscience.
16. Les historiens font monter l'armée de Xercès à deux million six cent quarante-un mil combattants.
17. La fonte des neiges a fait sortir les rivieres de leur lit.
18. La joie de faire du bien est tout autrement douce que celle de le recevoir.
19. Thèbes, qui croit vous perdre est déjà tout en larmes.
20. Une seule carpe échappée au filet des pêcheurs suffit pour repeupler toute une rivière.
21. Quel que fut la corruption de Rome, tous les vices ne s'y étaient pas introduits.
22. Quel que soit votre intention, quelles que puissent être vos desseins, vous ne serez jamais approuvé.
23. L'air pèse huit cents fois moins que l'eau, parce qu'il est huit cent fois moins compacte.
24. Une femme toute éplorée s'est jeté aux genoux de la princesse.
25. Le petit montagnard avait les mains tout rouge de froid, les yeux tous humides de larmes, la poitrine tout gonflee de soupirs.
26. Les sauvages même reconnaissent un Dieu.
27. Quelles que fussent leur sang-froid et leur fermeté, les tyrans avaient peur des astrologues.
28. La paresse, tout engourdie qu'elle est, fait plus de ravages chez nous que tout les autres passions ensemble.

29. Aucuns funérailles ne furent plus magnifiques que celles d'Anne de Bretagne, femme de Louis XII.
30. J'ai tout à craindre de leur larmes, de leur soupirs, de leur plaisir mêmes.
31. Nulle troupes ne sont mieux exercées que les vôtres.
32. Il est défendu de déposer sur la voie publique aucun décombres, aucunes immondices.
33. Ce déplacement ne vous occasionnera nuls frais.
34. L'air, la mer, les forêts, les rochers mêmes ont leurs habitants.
35. Nous devons aimer notre prochain comme nous-même.

ACCORD DU VERBE.

(*Gramm. n°* 239 *et suivants.*)

1. C'est la douceur, l'aménité qui rendent le commerce de la vie facile et agréable.
2. L'homme n'est qu'un roseau, le plus faible de la nature ; il ne faut pas que l'Univers entier s'arme pour l'écraser : une vapeur, un grain de sable suffisent.
3. Dans tous les âges le goût du travail, l'amour de l'étude sont un bien.
4. Caresses, menaces, rien ne dompta sa colère.
5. La fortune des riches, la gloire des héros, la majesté des rois, tout fini par *ci-git.*
6. Souvent un mot, un rien, nous mettent hors de nous-même.
7. Ni votre frère, ni votre sœur ne reviendront.
8. Ni l'un ni l'autre ne sont l'auteur de ce bel ouvrage.
9. Ce ne fut ni la haine, ni la vengeance qui arma le bras de Brutus.
10. L'ignorance ou la partialité déguisent tout.
11. Le travail excessif ou la misère a détruit le tempérament de cet ouvrier.
12. La musique, comme la poésie, eurent toujours des charmes pour moi.
13. Je souhaite que l'orgueil, non plus que l'envie, ne trouve jamais accès dans votre cœur.
14. Ni Corneille, ni La Fontaine n'eut part aux faveurs

du grand roi; pour qu'on ne s'en étonne pas, disons que ni l'un ni l'autre ne fut courtisans.

15. L'air de Socrate, son geste, son visage, n'étaient point d'un accusé.
16. Une infinité de jeunes gens se perdent par la lecture des livres impies.
17. On ne doit jamais regretter ni le temps ni la peine qu'ont coûtés une bonne action.
18. L'élégance de Phèdre, sa pureté, sa précision, sont dignes du siècle d'Auguste.
19. La plupart croit que le bonheur est dans la richesse ; ils se trompent.
20. Tout le monde pense que vous ou Boileau a écrit cet épître.
21. La religion, ainsi que la raison, nous recommandent de pratiquer le bien et de fuir le mal.
22. L'amour social des castors, aussi bien que le produit de leur intelligence réciproque, ont plus de droit à notre admiration que l'adresse du singe et la fidélité du chien.
23. On ne pouvait croire qu'une poignée d'hommes dissipassent un corps si considérable de l'armée ennemie.
24. L'usage nous apprend tous les jours qu'une foule d'arbres et de plantes qu'on croyait ennemis de nos climats, peuvent s'y naturaliser.
25. Il y a peu de rois qui sache chercher la véritable gloire.
26. Adolphe est un enfant peureux que le plus léger souffle, le moindre bruit épouvantent.
27. La peur ou le besoin font tous les mouvements des souris.
28. L'âme, comme le corps, ne se développent que par l'exercice.
29. Ne vous laissez aller ni à la paresse, ni à l'inconstance, car l'une et l'autre vous fera perdre le fruit de vos jeunes ans.
30. Ni l'un ni l'autre de ces généraux n'obtiendront le commandement en chef de l'armée.
31. Une nuée de sauterelles envahit le pays.
32. Une troupe de Phocéens aborda sur ce rivage et

fonda la ville de Massalie, qui depuis prit le nom de Marseille.

33. Le singe avec le léopard gagnait de l'argent à la foire.
34. Combien d'hommes seraient morts plus saintement s'ils avaient pensé que le trépas les atteindrait sitôt.
35. C'est des élèves qui ont fait cette narration.
36. C'est mon frère et vous qui doivent être choisis pour cette affaire.
37. Bossuet est un des écrivains français qui se sont fait le plus remarquer par le génie.
38. Une foule d'habitants accourut à mon secours.
39. Cette nuée d'oiseaux s'abattirent sur le champ du voisin.
40. Parler et se taire à propos n'appartient pas à tout le monde.
41. C'est vous ou moi qui gardera la maison.
42. Peu de personnes savent se contenter du nécessaire.

RÉCAPITULATION SUR LA FORMATION DU PLURIEL DES NOMS ÉTRANGERS, DES NOMS COMPOSÉS, SUR L'ACCORD DES ADJECTIFS, ET SUR CELUI DU VERBE.

(*Gramm.* nos 201-253.)

1. Nos plus furieux dillettanti auraient sifflé ces oratorio si l'on n'avait eu soin de leur dire d'avance que ce sont des chef-d'œuvre.
2. Les trio et les quatuor de ce musicien sont admirés.
3. Il faut, pour compléter cette troupe de chanteurs, deux ténor et deux soprano.
4. J'ai marqué tous les déficit de ma table.
5. Les agenda sont des vade-mecum.
6. Les belle-de-nuit sont des plantes qui nous viennent de l'Amérique.
7. J'ai deux ou trois passe-partout.
8. Il enrôle tous les amour-propre dans cette ligne insensée.
9. Les etrangers ont appris aux Russes à cultiver les chou-fleur.
10. Cicéron preféra à toute autre gloire celle d'être appelé le père de la patrie; Catilina avait une toute autre ambition.
11. Ses cheveux étaient tout blancs; sa physionomie noble et simple.

12. Pour atténuer son silence, il a imaginé des prétextes quelconque.
13. Les légumes, les fruits même, tout l'indispose.
14. Godefroi de Bouillon amenait soixante-dix mille hommes de pied et douze mille cavaliers couverts d'une armure complete.
15. Tout admirables, tout étonnantes, tout nombreuses qu'étaient les qualités de Charles XII, on ne peut s'empêcher de blâmer sa témérité.
16. Nul troupes ne sont comparables à celle de Napoléon.
17. Le soleil est un corps qui est un million trois cent quatre-vingt-quatre mille cent soixante-deux fois plus gros que la terre.
18. Mes regards se reposèrent sur des prairies tout étincelantes de gouttes de rosée.
19. Créature, quelque tu sois, songe que tu as été tirée du néant.
20. Les hommes vains sont tout rempli d'eux-mêmes.
21. Les Arabes ont le visage et le corps brûlé de l'ardeur du soleil.
22. Cet homme, quelque fût sa fortune ou son mérite, ne put réussir dans ses entreprises.
23. La vanité est sortie toute parée de la tête des femmes, comme Minerve est sortie tout armée de la tête de Jupiter.
24. Ces beautés immortelles montre une innocence, une modestie, une simplicité qui charment.
25. Ni la force ni la crainte ne peut dompter le naturel du tigre.
26. C'est vous ou votre frère qui aura le prix.

27. Le juste aussi bien que le sage
Du crime et du malheur savent tirer avantage.

28. Plus d'un Vaucanson, à l'aspect d'une machine, méditeraient d'organiser le bronze ou le bois.
29. Vous êtes là plusieurs qui ne songent qu'à mal faire.
30. Ni l'un ni l'autre de ces eleves n'obtiendront le prix cette année.
31. Elle voit que le bonheur ou la témérité peut former des conquérants; que la naissance ou le hasard donne les sceptres et les couronnes.

32. Il faut que toi et ceux qui sont ici fassent les mêmes serments.
33. De cet assemblage d'uniformité et de diversité qui s'étend jusqu'à l'infini, dérive l'ordre et la beauté de l'Univers.
34. La philosophie. comme la religion nous enseignent qu'on ne peut être heureux que par la vertu.
35. Quelle foule de victoires et de conquêtes se présente dans le troisième âge de la république romaine !
36. La plupart des hommes meurt sans le savoir.

37. Ce sont les animaux d'un naturel féroce,
C'est le tigre irrité par une faim atroce,
C'est l'ours et le lion qui de colère ardents,
D'une vivante proie ensanglante leurs dents.

38. La bonté, la pureté du grain ne peut suppléer aux défauts naturels du terroir.
39. Une chaumière, un champ, font souvent le bonheur.
40. Plus d'un général durent de beaux faits d'armes au hasard.
41. Athéniens, ne soyez pas surpris que Démosthène et moi ne soient pas du même avis.
42. Si notre être, si notre substance ne sont rien, tout ce que nous bâtissons dessus, que peut-il être ?
43. Ces messieurs sont tout-puissant dans ce pays ?

44. Les fleurs de ce jardin frais épanoui
Présentent au zéphyr leurs tiges rejouies.

45. Les orateurs sont restés courts.
46. Votre maison coûte dix mille francs net.
47. J'arriverai à midi et demi, une demi heure avant vous, et nous repartirons vers deux heures et demi.
48. On lui a coupé les cheveux trop court.
49. On nous a envoyé des oranges aigre-douce.
50. Les lettres et les manuscrits seront envoyés franc de port.
51. Le forum fut occupé de grand matin par cent vingt licteurs qui écartaient la foule avec un faste, un orgueil insupportables.
52. Je suis tout hors de moi-même. — Hé bien, madame, rentrez tout dans vous-même, quelle que effort qu'il faille faire pour cela.

53. Les habitants de la presqu'île de Malacca sont presque tout noirs.
54. Vous aviez de très-beaux vers à réciter ; quel qu'ait été la bonne volonte que vous ayez montrée, quelle que sentiment que vous ayez voulu mettre dans vos paroles, vous avez été bien froid.
55. Quel que soient vos vues, quel que soit votre intention, vous n'aurez jamais une approbation unanime.
56. Nos petit-maître sont l'espece la plus ridicule qui rampe sur la surface de la terre.
57. Les ver à soie sont si commun au Tonquin, que la soie n'y est pas plus chère que le coton.
58. J'allais avec la foule des gobe-mouche attendre sur la place l'arrivée des courriers.
59. Enfants, hâtez-vous de rassembler vos cerf-volant.
60. Les Cent-Suisses et les chevaux-légers etaient des compagnies de la maison du roi.
61. Les loup-cervier du Canada sont plus petits et plus blancs que ceux d'Europe.
62. Je voudrais avoir autant de pieds-à-terre qu'il y a de saisons, afin de contempler partout la nature dans son plus grand éclat.
63. L'étude de l'histoire est la plus nécessaire aux hommes, quelque soient leur âge et la carrière à laquelle ils se destinent.
64. Dans cette comédie nul vérité, nul mœurs, nul intrigue.
65. Quel raison qu'on ait de se plaindre d'un serviteur, il est de l'humanité de le traiter avec bonté.
66. Le chien n'a nul ambition, nul intérêt, nul désir de vengeance, nul crainte que celle de déplaire : il est tout zèle, toute ardeur et toute obéissance.
67. Quoique la noblesse de l'âne soit moins illustre, elle est tout aussi bonne, toute aussi ancienne que celle du cheval.
68. Vous leur avez généreusement accordé plus de secours que vous ne leur en deviez ; comprendront-ils maintenant quels sont leur devoirs ?
69. Evitez la paresse et l'oisiveté qui sont les avant-coureurs de la misère ; ayez l'amour du travail, qui est le meilleur des gagne-pain ; ne vous livrez pas

à l'inconduite, qui peuple les hôtel-dieu plus que l'infortune ; ne vous arrêtez pas aux louanges du monde, qui ne sont que des contre-vérités couvertes du voile de l'honnêteté, et evitez le contact des pince-sans-rire qui sont des hommes sournois et malins dont vous auriez à vous plaindre tôt ou tard.

70. Les petite-guerre sont des exercices à feu, imitant des combats.
71. Les chat-huant et les chauve-souris sont de vilains animaux.
72. Savez-vous faire des bout-rimé ?
73. Tous les maréchaux-ferrant ont dans leurs ateliers plusieurs travail de différentes grandeurs.
74. Vous nous croyez très-riches, quand nous ne possédons que la nu-propriété des biens de feue notre mère.
75. Nous ne savons pas assez combien un jour, une heure, un instant mal employé ou perdu peut avoir de triste conséquences.
76. Ces jeunes demoiselles chantent justes.
77. Les parties ouï, la cour delibéra sur-le-champ.
78. Quel est le bon pere de famille qui ne gémisse de voir son fils ou sa fille perdu pour la societé.
79. L'utilité et l'ordre public ne peuvent être le fruit du crime.
80. Les Lapons sont haut de quatre pieds et demi au plus.
81. Les mille d'Angleterre sont plus longs que les mille d'Italie.
82. La Genese compte la naissance d'Abraham de l'année deux mil du monde.
83. Par l'adulation les vices des grands se fortifient, les vertus même se corrompent.
84. Il est difficile de prendre ces animaux tout vivants.
85. On méprise tous ceux qui n'ont aucunes vertu.
86. On ne lui a fait aucune funérailles, on ne lui a rendu aucun devoir.
87. Une femme, quelque grands biens qu'elle apporte dans une maison, la ruine bientôt, si elle y introduit le luxe.
88. C'est Phalante, avec ses Lacédemoniens, qui ont fondé ce royaume.
89. Sur la scène du monde plus d'un ambitieux se renverse l'un l'autre.

90. Oh! quelle foule de sensations amères et d'effroyables pensées assiege et comprime le cœur des infortunes qui se voit perdus au milieu de ces vastes solitudes.
91. Avec quelles que avantages qu'on entreprenne une guerre, quels que soient le nombre ou la supériorité de ses forces, on n'est jamais sûr de la finir heureusement : dans un combat, le moindre mécompte, une terreur panique, un rien, vous arrachent la victoire.
92. Quand on sort de maladie, le bon bouillon ou le bon vin est également propre à rendre les forces que l'on a perdues.
93. L'ignorance ou l'erreur peut quelquefois servir d'excuse aux méchants.
94. Il faut que cet homme ou moi abandonne la ville.
95. Cette épouvantable suite de désastres accumulés sur la Morée recule de plusieurs siècles l'affranchissement des Grecs.
96. Votre trouble ou le mien nous ferait reconnaître.
97. L'histoire, ainsi que la physique, n'a commencé à se débrouiller que vers la fin du seizième siecle.
98. C'est ici que regne la paix et la vertu.

INVARIABILITÉ DU PARTICIPE PRÉSENT ET ACCORD DE L'ADJECTIF VERBAL.

(*Gramm. n° 254 et suivants.*)

1. Les laves sont des torrents de matières fondues qui, s'élançant des bouches d'un volcan et coulant dans les terrains environnant, s'y creusent des lits profonds.
2. Les hommes obligeant par nécessité ou par force, trouvent rarement des cœurs reconnaissant.
3. La lumière lugubre des lampes, rampant sur les parois des voûtes et se mouvant avec lenteur le long des sépulcres, répandait une immobilité effrayant sur des objets éternellement immobiles.
4. On n'aime pas les personnes contrariant.
5. On n'aime pas les personnes contrariant tout le monde.
6. La lionne, rugissant avec fureur, lançait autour d'elle des regards étincelant.

7. Ce fut un horrible spectacle pour Duguay-Trouin, de voir tant d'infortunés errant en furie ou palpitant, immobiles au milieu des flammes, s'embrassant, se déchirant, levant vers le ciel des bras consumés ou précipitant leurs corps fumant dans la mer.
8. Ils étaient exténués, tout grelottant de froid et à moitié mourant de fatigue.
9. Combien la religion nous devient chère, lorsqu'on l'envisage répandant d'une main les trésors de la charité, et de l'autre essuyant tendrement nos larmes, se plaçant à côté de tout ce qui souffre, et mêlant ses touchant adoucissements à ces peines toujours renaissant qui pèsent sur notre malheureuse existence ! Elle porte tout entière, cette religion bienfaisante, non sur des discussions pénibles, mais sur des faits frappant par leur évidence. sur des faits éclatant, dont il n'est pas permis de douter.
10. Voyez ces enfants intéressant, tremblant du froid, mourant de faim et pleurant sur leur triste sort ; voyez-les intéressant les allant et les venant, tremblant de leur déplaire, et pleurant au moindre reproche qu'ils en reçoivent.
11. C'est dans l'automne surtout qu'on voit les vers luisant se mouvant d'un brin d'herbe à l'autre, comme de petits insectes rayonnant, éclairant de leur lumière vive et verdâtre les objets environnant.
12. On voit dans le monde des gens sans cesse intriguant et cherchant par tous les moyens à se pousser aux emplois et aux dignités.
13. L'histoire nous représente la nation athénienne tantôt comme un vieillard qu'on peut tromper sans crainte, tantôt comme un enfant qu'il faut amuser sans cesse ; quelquefois déployant des lumières et des sentiments étonnant de grandeur, aimant à l'excès les plaisirs et la liberté, le repos et la gloire ; s'enivrant des éloges qu'elle reçoit, applaudissant aux reproches qu'elle mérite ; assez pénétrant pour saisir aux premiers mots les projets qu'on lui communique ; trop remuant pour en écouter les détails et en prévoir les suites ; faisant trembler

ses magistrats, alors qu'elle se montre compatissant envers ses plus cruels ennemis; changeant surtout et frivole, au point que, dans les affaires les plus intéressant et quelquefois les plus pressant, une parole échappant au hasard à quelque impertinent, une saillie piquant, le moindre objet, pourvu qu'il soit inopiné, suffit pour la distraire de ses craintes les plus alarmant ou la détourner de ses intérêts les plus graves.

14. Ordinairement les hommes que l'on voit écrasant les petits de leurs dédains, sont bas et rampant devant les grands.

15. En extravaguant en toutes choses, comme vous le faites, comment voulez-vous qu'on ne vous trouve pas extravagant?

16. Les grands pins, gémissant sous les coups de haches, tombent en roulant du haut des montagnes.

17. L'automne, s'enfuyant à pas précipités, a enlevé aux arbres leurs dernières feuilles jaunissant; et l'aquilon furieux s'est déchaîné, secouant de ses sombres ailes l'hiver et les frimas.

18. Toutes ces espèces impures rampant sur le limon, ou bourdonnant dans l'air qu'elles obscurcissent, attirent de nombreuses cohortes d'oiseaux ravisseurs.

19. La foudre et les éclairs ne laissaient entrevoir que des fantômes et des spectres errant dans les ténèbres.

20. Combien de mères tremblant de deplaire à leurs enfants, sont faibles et se croient tendres !

21. On voit errer dans ces gras pâturages les taureaux mugissant et les brebis bêlant, avec leurs tendres agneaux bondissant autour d'elles.

22. Ses chevaux fougueux ne sentant plus sa main défaillant, et les rênes flottant sur leur cou, l'emportent çà et là.

23. Partout on trouve l'Angleterre assise sur des rochers, ou placée dans des îles inaccessibles; partout en sûreté pour elle, et menaçant pour les autres.

24. Il entend les serpents, il croit les voir rampant autour de lui, ou pendus sur sa tête, ou roulant sur eux-mêmes, ou s'élançant sur lui.

25. La tendre mère, épiant les premiers développements

de la nature, jette un regard d'amour sur les pas chancelants de son enfant.

26. Vous verrez la paix renaissant par degrés dans son âme abattue.

27. La richesse et la population, croissant dans le Nord, rendront plus abondant la consommation des denrées du Midi.

28. Nous passâmes toute la nuit, tremblant de froid et demi-morts, sans savoir où la tempête nous jetait.

29. Seule, errant à pas lents sur l'aride rivage,
La corneille enrouée appelle aussi l'orage. (DELILLE.)

PARTICIPE PASSÉ.

(*Gramm. n°* 258 *et suivants.*)

1. C'est à Dieu seul de nous employer selon les vues qu'il s'est proposé.

2. Les hommes n'ayant pu guérir la mort et la misère, se sont avisé, pour se rendre heureux, de n'y point penser.

3. Cicéron, dans sa jeunesse, s'était livré à la poésie ; Juvénal et Quintilien se sont accordé à le regarder comme un poète médiocre.

4. Auguste est le plus célèbre des capitaines que Rome se soit vanté d'avoir produit, et dont quelques auteurs se sont avisé de dire, avec raison : autant de batailles il a livré, autant il en a gagné.

5. Ils sont retombé à votre égard dans les mêmes fautes que vous leur aviez si généreusement pardonné.

6. Dieu n'a donné aux hommes ni canons ni baïonnettes, et ils se sont fait des canons et des baïonnettes pour se détruire.

7. Quand la nature s'est dépouillé de son manteau de glace et de frimas ; quand elle s'est vêtu de verdure et de fleurs ; quand l'air est embaumé du parfum des prairies et que les oiseaux ont recommencé leurs chants joyeux, un nom béni retentit sous l'humble toit des chaumières et sous la voûte des basiliques : c'est le nom de Marie.

8. Vos sœurs s'étaient chargé de m'envoyer un échantillon des pieces de ruban qui se sont vendu à la foire de Beaucaire ; mais elles ne se sont pas acquitté de leur commission.

9. Ma sœur s'est presque entièrement coupé le doigt.
10. Excepté les Hébreux, tous les anciens peuples avaient peur des éclipses.
11. Vu sa discrétion bien connue, on l'a initié au secret.
12. Quelle autorité ces parvenus se sont tout d'un coup arrogé.
13. Tous les habitants furent passé au fil de l'épée, les femmes et les enfants excepté.
14. Les travaux qu'il a fallu entreprendre étaient plus pénibles que je ne le croyais.
15. Mes frères que vous avez vu dernièrement ici se sont blessé à la chasse; ils se sont relevé avec peine et se sont traîné à la maison comme ils ont pu.
16. Les peuples qui se sont rendu célèbres dans les sciences et les arts, ne les ont cultivé qu'après que les révolutions les plus sanglantes ont désole leur patrie.
17. La nature s'est plu à placer en Asie de hautes montagnes couvertes de neiges éternelles, des déserts arides que les hommes n'ont jamais parcouru, et des contrées dont la fertilité et la richesse surpassent tout ce que l'imagination s'est jamais figuré.
18. J'ai reçu vos meubles, la pendule y compris.
19. J'ai toujours entendu dire que les hommes qui se sont laissé conduire par leurs passions ont fini misérablement.
20. Jolies petites fleurs, je vous ai planté, je vous ai vu naître.
21. On ne s'est jamais repenti d'avoir suivi la voix de sa conscience.
22. Ceux d'entre vous qui ont parcouru l'histoire romaine, et un bien petit nombre l'ont étudié ou lu avec soin, doivent se rappeler le nom de Pompée. C'est un des plus grands généraux qu'on ait vu commander à Rome. Les honneurs dont il a joui, les batailles qu'il a gagné, les provinces qu'il a conquis, et les revers qu'il a éprouvé l'ont également rendu célèbre. Il était dangereusement malade, lorsque les médecins ayant prescrit plusieurs remedes resté sans effet, se réunirent pour se consulter. Après être demeuré longtemps renfermé ; après avoir longuement disputé et discouru sur la maladie du dictateur, ils lui ordonnèrent de man-

ger une grive. Les esclaves de Pompée furent envoyé par toute la ville, et, après avoir parcouru Rome et ses environs, ils vinrent dire à leur maître qu'on ne pouvait trouver de grives que chez Lucullus. Or, parmi les gourmands que vous avez connu, il n'y en a pas un seul de comparable à ce Lucullus. Pompée ne voulut pas devoir la vie à un tel gourmand : « Eh quoi ! s'écria-t-il, je devrais donc mourir si jusqu'à ce jour Lucullus et ses amis n'avaient vécu dans la mollesse. » Pompée, malgré l'ordonnance des médecins, ne mangea point de grives.

23. Que de pertes nous ont coûté les orages multiplié qu'il y a eu cette année.
24. Ces femmes se sont laissé aller à un mouvement de colère qu'elles ont su réprimer bientôt.
25. La terre, que les hommes auraient dû fertiliser, a produit des poisons.
26. Ces voleurs, je les ai vu se sauver, on les a laissé échapper ; mais bientôt je les ai vu reprendre et conduire au corps-de-garde.
27. Cette dame, que j'ai vu peindre, m'a paru doué d'un grand talent.
28. Les accusés que j'ai entendu condamner ont écouté leur sentence avec calme.
29. Il n'est pas étonnant que ces deux grands hommes ait été exposé à l'envie et qu'ils se soient vu préférer des concurrents dont les noms se sont enseveli dans l'oubli.
30. Nous lui avons donné tous les secours que nous avons pu.
31. Ce sont des personnes que j'ai supposé que vous aviez prié de venir.
32. Les vers que j'ai entendu lire étaient fort beaux, surtout dans la bouche de la personne par qui je les ai entendu débiter.
33. Les trois ou quatre heures que j'ai dormi ont réparé mes forces qu'une longue marche avait épuisé.
34. Les provisions que j'ai fait acheter étaient gâté.
35. Nous avons renoncé aux mesures que nous nous étions proposé de prendre.
36. Les poissons que j'ai vu prendre étaient énormes,

37. Les protections que nous nous sommés efforcé d'acquérir, nous ont moins servi que nous ne l'avions espéré.
38. Les procès que ma sœur a dû soutenir l'ont ruiné.
39. Elle nous a fait payer les services que nous lui avons demandé, et qu'elle s'etait offert à nous rendre.
40. Le tyran ne mangeait que des fruits qu'il avait cueilli lui-même, ou des légumes qu'il avait semé et qu'il avait fait cuire.
41. Les poires que vous avez vu mûrir et les pêches que vous avez vu ramasser, m'appartenaient.
42. Les étoffes que j'avais fait venir de Lyon et que mes commis ont laissé enlever, ont été saisi entre les mains de deux jeunes fripons.
43. Ils ont pris toutes les précautions qu'ils ont pu.
44. Ces hommes se sont ri d'abord de nos conseils, puis ils se sont repenti de les avoir méprisé.
45. Je regrette les outils que ma mère a laissé vendre.
46. Penses-tu, ma chère enfant, que je t'aurais laissé périr.
47. Quelle goutte de sang Turenne a-t-il répandu, qui n'ait servi à la cause commune?
48. L'or qu'on vous a vu prodiguer vous a rendu maître des délibérations.
49. Les recherches qu'on leur a donné à faire les ont fort embarrassé.
50. Il obtint les résultats qu'il avait prévu.
51. Charlemagne a gouverné avec gloire une des plus vastes monarchies qu'il y ait eu depuis celle des Romains.
52. Les sciences que nous avons commencé à étudier nous semblent peu difficiles à comprendre par la méthode qu'on nous a donné à suivre.
53. Il a éte lu dans cette réunion des ouvrages qui laissaient beaucoup à désirer; cependant il ne leur a manqué ni éloges ni encouragements.
54. Quant à la mort, elle n'a toujours effrayé que ceux que la dépravation a forcés de s'écarter du sentier de la vertu.
55. Avec le peu d'activité qu'ils ont toujours eu, ils ne peuvent guère espérer de réussir.
56. Vous trouverez ci-joint une reconnaissance de ma

dette. Les diverses signatures que vous avez paru désirer comme garanties, sont pareillement ci-inclus, une seule excepté.

57. Joseph a cueilli plus de cerises qu'il n'en a mangé.
58. Les années que ce prince a régné se sont écoulées dans une paix profonde.
59. La journée, qui avait commencé par un orage, s'est mieux terminé qu'on ne l'avait pensé.
60. Je vous ai fait parvenir les objets que j'ai cru que vous aviez demandé.
61. Les plus brillantes réputations ne valent jamais tous les sacrifices qu'elles ont coûté.
62. Elle s'est félicité du peu de complaisance que vous avez apporte à l'écouter.
63. Voilà des arbres que j'ai fait planter et que j'ai vu croître; les fruits que j'en ai cueilli m'ont déjà dédommagé des soins qu'ils m'ont coûté.
64. Autant de visites j'ai fait, autant on m'en a rendu.
65. Vous n'avez pas apporté dans ce travail l'attention et l'exactitude que j'aurais cru et que j'avais espéré.
66. La perte de la bataille est attribué au peu d'habileté qu'a montré le général.
67. Ils seront punis pour les maux qu'ils auront laissé faire.
68. Les poètes ont représenté sur le théâtre des actions qui avaient plu à la lecture, et ont augmenté ainsi le plaisir et l'utilité qu'on en avait retiré.
69. C'est ici que j'atteste la foi publique, Messieurs, et que, parlant de la douceur et de la modestie qu'a montré M. de Turenne, je puis avoir pour témoins ceux qui l'ont suivi dans les armées. S'est-il fait un plaisir de se servir de la puissance qu'il a eu de nuire à ceux mêmes que d'autres se seraient cru en droit de regarder et de traiter comme ennemis?
70. La lettre que j'avais présumé que vous recevriez est enfin arrivé.
71. Ceux qui ont vécu longtemps parmi les hommes, et qui les ont longtemps étudié, ont appris la plus triste des choses, la défiance.
72. Les progrès de ces élèves n'ont répondu qu'à demi

aux sacrifices que leurs parents avaient fait, et aux espérances qu'ils avaient conçu.

73. Les mains élevé enfoncent plus de bataillons que celles qui frappent.

74. Attendu depuis le matin, ma nièce n'est arrivé que le soir fort tard.

75. Les armées sont aujourd'hui de grandes machines dont toutes les parties se meuvent ensemble, et qui sont renversé, percé, mutilé et divisé par le feu.

76. Supposé ou non, cette histoire est fort intéressante.

77. Pourquoi la nature n'aurait-elle pas mis sur la terre, dans les fleurs, les images des objets qu'elle a placé dans les deux ?

78. C'est avec des morceaux de lave pétrifié que sont bâti la plupart de ces maisons, qui ont été enseveli par d'autres laves.

79. Les belles actions ne sont jamais mieux raconté que par ceux qui les ont fait.

80. Ces nuages représentaient une grande terre formé par de hautes montagnes, séparé par des vallées profondes et surmonte de rochers pyramidaux. Sur leurs sommets et sur leurs flancs apparaissaient des brouillards détaché, semblables à ceux qui s'élèvent des terres verticales.

81. Quand reviendront ces siècles fortunés où étaient réuni sur la terre l'innocence et la paix ?

82. Turenne mort, les blessés pensent à la perte qu'ils ont fait et non pas aux blessures qu'ils ont reçu.

83. La terre t'a prodigue ses fruits, parce que tu l'as arrosé de tes sueurs.

84. Ces ambitieux se sont arrogé des titres imaginaires ; mais ces titres qu'ils se sont arrogé ne servent qu'à les couvrir de ridicule.

85. Pour être sûr de la vérité, il faut l'avoir entendu annoncer d'une maniere claire et positive.

86. Les mains que nous avions senti nous comprimer avec tant de force, se sont, à leur tour, senti comprimer par une force plus grande encore.

87. Le poison subtil de la flatterie corrompt presque toujours les meilleurs princes et ruine tôt ou tard les belles esperances qu'on en avait conçu.

88. Passé l'heure fixé, je ne vous attendrai pas un seul instant.
89. Je ne défends pas ces rimes parce que je les ai employé, mais je m'en suis servi parce que je les ai cru bonnes.
90. J'ai vu la mort de près et je l'ai vu horrible.
91. C'est la richesse, ainsi que les honneurs, qu'il a toujours ambitionné, recherché, poursuivi.
92. Quels dangers n'a pas couru l'Autriche pendant la tempête de vingt ans qu'elle a essuyé.
93. Il avait une jolie maison, il a dissipé follement tous les revenus qu'il en a retiré.
94. Nous ne demandons pas que tu pardonnes à ceux que tu as resolu de faire mourir.
95. Supportons avec une ame stoïque les adversités qu'il a plu au ciel de nous envoyer.
96. Les bruits qu'on a fait courir étaient ridicules, et je m'étonne que vous les ayez fait démentir : leur invraisemblance même les aurait fait tomber.
97. On vous rend le témoignage que vous avez fait tous les efforts que vous avez pu et que vous avez dû.
98. Les froids précoces qu'il a fait, et les gelées tardives qu'il y a eu, ont causé beaucoup de mal aux récoltes, surtout à celle du vin.
99. Les grands orateurs que j'ai entendu parler m'ont rallié, un moment du moins, aux opinions que je leur ai entendu soutenir tour à tour.
100. Entraîné par le torrent, il se trouve malgré lui hors de la route qu'il avait résolu de suivre.
101. Je vous ai envoyé tous les objets que j'ai cru vous être utiles.
102. La personne que vous aviez cru être si disposé à m'obliger, ne m'a pas rendu le moindre service.
103. Ils ont donné à leurs enfants toute l'éducation que leur a permis leur fortune.
104. J'ai remarqué avec plaisir que vous aviez fait dans cette édition tous les changements que vous aviez résolu.
105. Y a-t-il rien de comparable à l'attachement du chien pour la personne de son maître? On en a vu mourir sur le tombeau qui le renfermait.
106. De tous les plaideurs qu'il a défendu, combien n'en a-t-il pas ruiné !

107. Notre vue est trop borné pour pénétrer dans les mystères dont l'auteur de l'Univers a voulu envelopper ses œuvres admirables.

108. La puissance qui règle le monde a établi des lois immuables auxquelles tous les êtres sont constamment soumis.

109. Il faut se prosterner, avec admiration et reconnaissance, devant l'intelligence puissante qui a conçu et ordonné les merveilles dont nous sommes environné.

110. Les nombreux tyrans qui se sont succédé à Rome, ont avili la nation romaine autant qu'elle s'était élevé pendant qu'elle était libre.

111. Manlius ne répondit à ces accusations que par le récit de ses services, et des témoignages qu'il en avait reçu de ses généraux.

112. Habitué au joug, énervé et flétri par un long esclavage, les populations de l'Asie sont destiné à être la proie des peuples occidentaux.

113. Ils ont enfin été atteint par les lois dont ils s'étaient joué toute leur vie.

114. Ma patrie et ma famille se sont présenté à mon esprit, ma tendresse s'est tout à coup réveillée.

115. La conjuration découverte et puni ne servit qu'à augmenter le pouvoir de ceux qu'on avait voulu renverser.

116. Ma sœur ne vous a pas dit tous les jours qu'elle a pleuré en secret, ni tous les moments qu'elle a souffert sans murmurer.

117. Les mauvais temps qu'il a fait ont nui aux vignes.

118. J'ai donné à l'étude les trois heures du jour qu'il a employé à la promenade.

119. Vos cousines sont plus instruit que vous ne l'aviez annoncé.

120. Je n'ai pas oublié la bonté du prince; j'aime à citer les bienfaits que j'en ai reçu.

121. Cette aventure est arrivé comme je l'avais prévu.

122. Ces enfants auraient fait de grands progrès s'ils ne s'étaient pas laissé aller à la paresse.

123. Cette affaire a réussi comme je l'avais espéré.

124. Les morceaux que nous avons entendu chanter dans ce concert ont plu à toutes les personnes qui s'y sont trouvé.

125. Votre sœur avait pleuré parce qu'on l'avait grondé d'être negligemment habillé.
126. Les promenades excepté, cette ville est privé de tout agrément.
127. Les peuples errant doivent être les derniers qui aient ecrit parce qu'ils ont moins de moyens que les autres d'avoir des archives et de les conserver.
128. C'est moins le capitaine que les matelots que l'on a réprimandé.
129. J'aurais désiré avoir des oranges, et vous ne m'en avez pas envoyé.
130. En Europe, les chauves-souris ne dépassent guère la taille d'une hirondelle; j'en ai vu de beaucoup plus grosses en Australie.
131. Je ne saurais dire la quantité de fourmis que nous avons detruit.
132. Cette dame, que nous n'avions pas vu depuis longtemps, avait beaucoup vieilli, et elle était tellement changé, que nous ne l'avons point reconnu, ce qui nous a nui dans son esprit.
133. Que de richesses ont été englouti dans la mer! Que d'infortunés y ont péri!
134. Le peu de troupes qu'il a rassemblé ont tenu ferme dans leur poste.
135. Ces hommes se sont rappelé leurs fautes et se les sont reproché.
136. Vos cousins se sont aperçu de ma faute; ils se sont même plu a me la reprocher souvent.
137. Le peu d'instruction qu'il a reçu le fait tomber dans mille erreurs.
138. Des erreurs, combien on en a donné pour de bonnes vérités!
139. Ne me dites rien des empressés; plus j'en ai connu moins j'en ai estimé.
140. Ces enfants ont laissé beaucoup de noix, vous leur en aviez trop donné.
141. Est-ce que je sais combien le ciel m'a compté de journées! et cependant combien j'en ai déjà perdu!
142. Que de choses on a estimé bonnes et que l'on a trouvé nuisibles!
143. La leçon que j'ai commencé à étudier était la même que celle que vous avez eu à copier.

144. J'ai vu disparaître la foule des flatteurs que la fortune avait formé autour de moi.
145. Les succès que Xercès avait pretendu qu'il obtiendrait facilement sur les petits Etats de la Grèce, furent remplacé par des défaites honteuses.
146. Plusieurs des rois d'Egypte, qui avaient foulé leurs peuples pour élever des pyramides immenses, furent flétri par la loi et privé des tombeaux qu'ils s'étaient eux-mêmes construit.
147. C'est une chose qui mérite d'être remarqué, que la plupart des grands hommes de mer que la France a produit se sont formé dans la marine marchande.
148. Les peines que j'ai prévu que vous causerait cette affaire m'ont vivement contrarié.
149. Ces fleurs qui sont à peine éclos seront épanoui dans quelques heures, et ce soir elles seront flétri.
150. Il a fait exactement toutes les démarches et toutes les courses qu'on avait cru et supposé.
151. Ils n'ont jamais songé qu'aux plaisirs, et ils en ont goûte de toute sorte ; la seule chose qui leur en soit resté, c'est le remords.
152. Ils ont mieux pris la chose que je ne l'avais espéré, et se sont montré de meilleure composition que je ne l'avais prévu.
153. La paresse a étouffé plus de talents que l'activité n'en a développé.
154. Les soldats, apres s'être emparé de la ville, se sont divisés en deux bandes et se sont partagé le butin.
155. Les questions qu'on a voulu m'adresser nous ont tous étonné.
156. Les fruits étaient excellents ; nous en avons beaucoup mangé, et nos amis en ont beaucoup achete.
157. Le peu de liqueur que j'ai bu, m'a rendu malade.
158. Avez-vous remarqué une foule de curieux que ce charlatan avait attiré sur le champ de foire.
159. Vos motifs entendu, je pense que vous aurez gain de cause.
160. Les oiseaux que j'ai laissé manger par le chat étaient charmants
161. On a vu des hommes qui ont eu quelquefois la faiblesse de se croire supérieurs à leur profession.
162. Les dépenses qu'il avait compté que je ferais chez

lui, se sont élevé beaucoup plus haut que je ne l'avais pensé.

163. Les gens que nous avons vu solliciter le plus de faveurs, ne sont pas toujours ceux qui les ont mérité.

164. Ces chanteurs ont fait merveille ; je les ai entendu applaudir avec enthousiasme.

165. Le peu de nourriture qu'il avait pris l'avait fait tomber dans une faiblesse extrême, d'où le peu d'aliments que nous lui avons donné, l'ont enfin heureusement tiré.

166. Les honneurs et les dignités que lui a valu sa conduite, ne sauraient compenser les mépris qu'ils lui ont coûté.

167. Toutes les heures que vous avez dormi, je les ai passé à écrire.

168. Les violents orages qu'il y a eu et qui ont été causé par les grandes chaleurs qu'il a fait, ont ravagé tout le pays.

169. Le peu d'efforts que j'ai fait ont été suivi de résultats heureux.

170. Après avoir visité les lieux terribles où les impies expient les maux qu'ils ont fait et ceux qu'ils ont laissé faire, nous nous sommes avancé vers de riant bocages habité par les rois qu'on a jugé dignes d'une immortalité bienheureuse, en récompense des services qu'ils ont rendu et des bienfaits dont ils ont su faire jouir les nations soumises à leur autorité.

171. Les sociétés des animaux se sont évanoui, leur industrie est devenu stérile, les faibles arts ont disparu, chaque espèce a perdu ses qualités générales et tous n'ont conservé que leurs propriétés individuelles.

172. Que de bien n'a-t-elle pas fait pendant le peu de jours qu'elle a régné.

173. Pourrai-je oublier jamais la confiance et l'amitié que vous m'avez témoigné.

174. Mes amis se sont proposé pour rendre ce service.

175. Voilà le fruit du peu d'aménité que vous avez mis dans vos réponses.

176. Le peu d'exactitude qu'il a mis dans ses comptes est devenu la cause de sa perte.

177. C'est une chose digne d'être remarqué, que les peuples qui se sont rendu celèbres dans les sciences et dans les arts ne les ont cultivé qu'apres des révolutions sanglantes.

178. Lorsque, avec le temps, l'espèce humaine s'est étendu, multiplié, répandu, et qu'à la faveur des arts et de la société les hommes ont pu marcher en forces pour conquerir l Univers, ils ont fait reculer peu à peu les bêtes feroces, ils ont purgé la terre de ces animaux gigantesques dont on a trouvé les ossements épars, ils ont détruit ou réduit à un petit nombre les espèces nuisibles, ils ont opposé les animaux aux animaux, en subjuguant les uns par adresse, domptant les autres par la force, ou les écartant par le nombre ; et, les attaquant tous par des moyens raisonné, ils sont parvenu à se mettre en sûreté, et ont établi une puissance qui n'est borné que par les solitudes reculé, les sables brûlants et les montagnes glacé derrière lesquels se sont réfugié un petit nombre d'animaux indomptables.

179. Pourquoi faut-il que le peu de gloire que ce prince avait mérité ait été terni par une lâcheté inouïe !

180. Les bénéfices que cette affaire m'a procuré et valu ne m'ont pas payé de toutes les peines qu'elles m'a coûté.

MOTS INVARIABLES.

(*Gramm. n°* 275 *et suivants.*)

1. Relisez vos lettres plutôt que d'y laisser des fautes.
2. L'enfant s'attache plutôt aux bagatelles qu'aux choses sérieuses.
3. La modestie suppose le mérite, et le fait plutôt remarquer.
4. Au lieu d'aller au mieux fait, c'est toujours au plutôt fait que vont les hommes.
5. Les hommes sont généralement curieux, les enfants sur tout.
6. Cet orateur parle admirablement surtout, mais il se distingue surtout dans les questions religieuses.
7. Mes amis, je ne vous en dis pas davantage : venez le plutôt que vous pourrez.

8. Plutôt nous serons venus à bout de ces difficultés, plutôt nous aurons la paix.
9. Quand à moi je n'en sais rien, quoique je l'aie demandé plusieurs fois.
10. Il faut aimer Dieu, parce qu'il est bon.
11. Là tout est beau, parce que tout est vrai.
12. Quoique vous lui disiez il fera la sourde oreille.
13. Pepin a été surnommé le Bref, parce qu'il avait une petite taille.
14. Quant on est orgueilleux on se prépare des humiliations.
15. Quand à cette affaire, je m'en lave les mains, quoi qu'il puisse en résulter.
16. Quant vous êtes près de mal faire, songez que Dieu vous voit.
17. Le paresseux se lève rarement plutôt que le soleil.
18. Cette mère est inquiète sur l'avenir de son fils, par ce qu'il fuit le travail.
19. Hé ! Madame, on loue aujourd'hui tout le monde.
20. Ah ! l'homme savant, vous vous trompez aussi.
21. O que la nature est sèche quand elle est expliquée par les sophistes.
22. Hé ! je n'y prenais pas garde.
23. Hé ! voyez-vous ce garçon-là, il a su ouvrir la bouche à propos.
24. Ayez pitié de nous, oh ! mon Dieu !

DE LA PONCTUATION.

(*Gramm. n°* 301 *et suivants.*)

Emploi de la virgule.

1. La richesse le plaisir la santé deviennent des maux pour qui ne sait pas en user.
2. Il alla dans cette caverne trouva des instruments abattit les peupliers et mit en un seul jour un vaisseau en état de voguer.
3. La vie disait Socrate ne doit être que la méditation de la mort.
4. Un ami don du ciel est le vrai bien du sage.
5. Le temps qui fuit sur nos plaisirs semble s'arrêter sur nos peines.

6. La paresse rend tout difficile le travail tout aisé.
7. Je crains Dieu cher Abner et n'ai pas d'autre crainte.
8. La simplicité pare les hommes la recherche les déguise la malpropreté les dégrade.
9. Saint Basile et saint Grégoire de Nazianze étaient sortis tous deux de familles fort nobles.
10. Un ciel serein la fraîcheur de l'air les doux rayons de la lune le concours des plus agréables sensations la présence même de cet objet chéri rien ne pouvait detourner de mon cœur mille réflexions douloureuses.
11. Plaignez-moi mon neveu et n'enviez pas mon sort.
12. La docilité qui consiste à se laisser conduire à bien recevoir les avis des maîtres et à les mettre en pratique est proprement la vertu des écoliers.
13. Les arbres et les plantes en laissant tomber leurs fruits ou leurs grains se préparent autour d'eux une nombreuse postérité. La plus faible plante le moindre légume contient dans une graine le germe de tout ce qui se déploie dans les plus hautes plantes et dans les plus grands arbres.
14. Les hommes les plus heureux en apparence ont besoin de faire de temps en temps un tour à l'école du malheur.

EMPLOI DE LA VIRGULE, DU POINT-VIRGULE ET DES DEUX POINTS.

1. Nourrir du bétail labourer la terre se dérober à eux-mêmes tout ce qu'ils pouvaient vivre d'épargne et de travail voilà quelle était la vie des premiers Romains c'est de quoi ils soutenaient leur famille.
2. Vante-t on dans un poète la vigueur de l'âme les sentiments sublimes c'est Corneille la sensibilité du cœur le style tendre et harmonieux c'est Racine la molle facilité la négligence aimable c'est La Fontaine la raison parée des ornements de la poésie c'est Despréaux la verve l'enthousiasme c'est Jean-Baptiste Rousseau.
3. Parler beaucoup et bien c'est le talent du bel-esprit parler beaucoup et mal c'est le défaut du fat parler peu et bien c'est le caractere du sage.

4. Ne régner que pour couronner la justice donner à ses désirs des bornes moins étendues qu'à sa puissance ne faire sentir son pouvoir à ses peuples que par le nombre de ses bienfaits telle est la véritable image de la grandeur d'un roi.
5. Les hommes ont abusé de tout des végétaux pour en former des poisons du fer pour s'égorger de l'or pour se corrompre des arts pour multiplier les moyens de se détruire.
6. Le fabuliste La Motte voulait rire comme La Fontaine mais il n'avait pas la bouche faite comme lui il faisait la grimace.
7. Les plantes composent trois grandes familles les herbes les arbrisseaux et les arbres.
8. La gaîté est le contre-poison du chagrin elle éloigne les maladies du corps égaie l'esprit se moque des caprices de la fortune calme l'orage des disgrâces rend sensible aux agréments de la vie qu'elle prolonge au-delà du terme ordinaire.
9. Mentor admirait la bonne police des villes de l'Egypte la justice exercée en faveur du pauvre contre le riche la bonne éducation des enfants qu'on accoutumait à l'obéissance au travail à la sobriété à l'amour des arts ou des lettres l'exactitude pour toutes les cérémonies de la religion le désintéressement le désir de l'honneur la fidelité pour les hommes et la crainte pour les dieux que chaque père inspirait à ses enfants.

EMPLOI DE LA VIRGULE, DU POINT-VIRGULE, DES DEUX POINTS ET DU POINT.

Les peuples les plus grossiers et les plus barbares entendent le langage des cieux Dieu les a établis sur nos têtes comme des hérauts célestes qui ne cessent d'annoncer sa grandeur à tout l'Univers leur silence majestueux parle le langage de tous les hommes et de toutes les nations c'est une voix entendue partout où la terre nourrit des habitants qu'on parcoure jusqu'aux extrémités les plus reculés de la terre nul lieu dans l'Univers ne peut se dérober à l'éclat de cette puissance voilà le premier livre que Dieu a montré aux hommes pour leur apprendre ce qu'il était c'est là qu'ils purent l'étudier il ne leur fallait pas des prophètes pour les instruire de ce qu'ils devaient à la majesté suprême la structure admirable des Cieux et de l'Univers le leur apprenait assez ils laisserent cette religion sainte et pure à leurs enfants mais ce précieux dépôt se corrompit entre leurs mains à force d'admirer la beauté et l'éclat des ouvrages de Dieu ils les prirent pour Dieu même les astres qui ne paraissent que pour annoncer sa gloire aux hommes devinrent eux-mêmes leurs divinités.

EMPLOI DE TOUS LES SIGNES DE PONCTUATION.

Au point du jour nous aperçûmes la côte à trois lieues devant nous mais personne ne la reconnaissait il faisait calme nous brûlions d'impatience d'arriver enfin on aperçut une chaloupe nous la hélâmes on nous répondit c'est un pilote quelle joie d'entendre une voix sortir de la mer chacun s'empressait sur les lisses à voir monter le pilote à bord bonjour mon ami lui dit le capitaine quelle est cette terre c'est Belle-Ile mon ami répondit ce bon homme aurons-nous du vent s'il plaît à Dieu mon ami il avait de gros pain de seigle que nous mangeâmes de grand appétit parce qu'il avait été cuit en France le calme dura tout le jour vers le soir le vent fraîchit l'équipage passa la nuit sur le pont on fit petites voiles le matin nous longeâmes l'île et nous vînmes au mouillage les commis des douanes suivant l'usage montèrent sur le vaisseau apres quoi une infinité de barques de pêcheurs nous abordèrent.

PRINCIPES

ET

MODÈLES D'ANALYSES GRAMMATICALES (1)

L'*Analyse grammaticale* a pour objet d'indiquer la *nature*, l'*espece* et la *fonction* des mots qu'on emploie dans le discours :

1° La *nature*, c'est-à-dire si le mot est *nom*, *article* ou *adjectif*, etc. ;

2° L'*espece*, c'est-à-dire si le nom est *commun* ou *propre*, etc. ; si l'article est *simple*, *élidé* ou *composé;* si l'adjectif est *qualificatif* ou *déterminatif*, etc. ;

3° La *fonction*, c'est-à-dire le rôle qu'un mot joue dans le discours. Ainsi, le nom et le pronom peuvent figurer comme sujets : *Ces enfants travaillent ; ceux-ci dorment.*

REMARQUE. Le verbe à l'infinitif, l'adjectif pris substantivement et l'adverbe de quantite peuvent aussi figurer comme sujets : *Calomnier est une infamie ; le blanc et le noir sont ennemis ; beaucoup de bon sens ne nuit jamais.*

Le nom, le pronom, l'adjectif pris substantivement, le verbe à l'infinitif, le participe présent précédé de la préposition *en* exprimée ou sous-entendue, l'adverbe de quantité pris substantivement, et une proposition entière, peuvent figurer comme compléments : *Dieu jugera tous les hommes; tu cherches quelqu'un sans doute; je préfere*

(1) L'Analyse n'est point un but, elle est un moyen Le but qu'on se propose d'atteindre, c'est l'orthographe des regles : il convient donc de consacrer a l'Analyse grammaticale, soit verbale, soit ecrite, le moins de temps possible.—Un certain nombre d'instituteurs et d'institutrices, praticiens habiles, ne donnent des explications d'analyse et de grammaire qu'au moment de la correction des dictees Cette méthode nous a toujours paru la plus rationnelle et la meilleure, parce qu'ainsi se rencontrent sans se confondre, et marchent ensemble vers un but commun, la dictee, l'analyse et les règles grammaticales.

l'utile à l'agréable; tu sais chanter; il vient de sortir; ils se sont blessés en jouant; ils s'en allaient chantant (en chantant); il a peu de crédit; je désire que vous reveniez au plus tôt (désire, verbe ayant pour comp. dir. la prop. suivante).

L'adjectif qualificatif, l'adjectif verbal, le participe présent et le participe passé, employés sans auxiliaires, ont pour fonction de qualifier le mot auquel ils se rapportent: *des travaux faciles: des hommes rampants; des ouvriers dormants; des vitres brisées.*

L'article a pour fonction d'annoncer que le mot qu'il précède est pris dans un sens déterminé. *la charité.*

L'adjectif déterminatif a pour fonction de déterminer le nom auquel il est joint *cette plume, six tables.*

Le nom, le pronom et l'infinitif peuvent figurer comme attributs : *la terre est une planete; cette plume est la sienne; braire n'est pas chanter* (1).

La gloire. L'orgueil. Aux champs. La maison paternelle. La fortune incertaine et capricieuse. Quatre soldats. La troisième livraison. Je chantais. Ils ont été battus. Pierre s'ennuie. Ce chien aboie. Ceux-ci mangent. La sagesse et la puissance se rencontrent. Je te félicite. Cela m'a échappé. Toutes ces excuses sont inutiles. Un mètre de drap. L'espoir de revenir. Le travail est un trésor. Ces deux enfants sont ma seule consolation.

LA	art. simp. f. s. ann. que *gloire* est dét.
GLOIRE	nom com. f. s.
L' (mis pour le)	art. élidé m. s. ann. que *orgueil* est dét.
ORGUEIL	nom commun m. s.

(1) L'analyse grammaticale est un veritable labyrinthe d'où les elèves ne sortent ordinairement qu'apres deux ou trois ans d'efforts et de travail Cela tient surtout a la maniere dont procedent les maîtres On doit faire marcher l'eleve graduellement, du connu a l'inconnu, presenter les difficultes une a une, les appliquer et les resoudre dans deux ou trois phrases où ne doivent se rencontrer que des mots deja connus et la seule difficulte qu il s'agit d'eclaircir. Telle est la marche que nous avons suivie dans les modèles ci-après. Un grand nombre de phrases semblables a celles des *modeles* e presentant les difficultes a peu pres dans le même ordre, font parti des dictees graduees contenues dans le Corrige des Exercices elementaires et orthographiques.

AUX.......... art. cont. mis pour *à les*.
A............ prép.
LES.......... art. simp. m. p. ann. que *champs* est dét.
CHAMPS....... nom comm. m. p.
LA........... art. simp. f. s. ann. que *maison* est dét.
MAISON....... nom commun f. s.
PATERNELLE... adj. qual. f. s. qual. *maison*.
LA........... art. simp. f. s. ann. que *fortune* est dét.
FORTUNE...... nom com. f. s.
INCERTAINE... adj. qual. f. s. qual. *fortune*.
ET........... conj.
CAPRICIEUSE.. adj. qual. f. s. qual. *fortune*.
QUATRE....... adj. num. card. m. p. dét. *soldats*.
SOLDATS...... nom com. m. p.
LA........... art. simp. f. s. ann. que *livraison* est dét.
TROISIÈME.... adj. num. ordin. f. s. dét. *livraison*.
LIVRAISON.... nom com. f. s.
JE........... pr. pers. 1re pers. du m. s. suj. de *chantais*.
CHANTAIS(1)... v. act. pris neutralement à l'imp. de l'ind. 1re pers. du s. 1re conj.
ILS.......... pron. pers. 3e pers. du m. p. sujet de *ont été battus*.
ONT ÉTÉ BATTUS v. passif au passé ind. 3e pers. du p. 4e conj.
PIERRE....... n. prop. m. s. suj. de *ennuie*.
S'........... pron. pers. 3e pers. du m. s. comp. dir. de *ennuie*.
ENNUIE....... v. pron. au prés. de l'ind. 3e pers. du s. 1re c.
CE........... adj. dém. m. s. dét. *chien*.
CHIEN........ nom comm. m. s.
ABOIE........ v. neut. au prés. de l'ind. 3e pers. du s. 1re c.
CEUX-CI...... pron. dém. 3e pers. du m. p. suj. de *mangent*.
MANGENT...... v. act. pris neut. au prés. de l'ind. 3e pers. du p. 1re c.
LA........... art. simp. f. s. ann. que *sagesse* est dét.
SAGESSE...... nom com. f. s. suj. de *rencontrent*.
ET........... conj.
LA........... art. sim. f. s. ann. que *puissance* est dét.
PUISSANCE.... nom com. f. s. suj. de *rencontrent*.

---

(1) Un verbe *actif* est pris neutralement lorsque son complément direct n'est pas exprimé.

SE............ pron. pers. 3e pers. du m. p. comp. dir. de *rencontrent.*
RENCONTRENT. v. pron. au prés. de l'ind. 3e pers. du p. 1re c.
JE............ pron. pers. 1re pers. du m. s. suj. de *félicite.*
TE............ pron. pers. 2e pers. du m. s. comp. dir. de *félicite.*
FÉLICITE...... v. act. au prés. de l'ind. 1re pers. du s. 1re c.
CELA......... pron. dém. 3e pers. du m. s. suj. de *a échappé.*
M'............ pron. pers. 1re pers. du m. s. comp. ind. de *a échappé.*
A ÉCHAPPÉ.... v. neut. au passsé ind. 3e pers. du s. 1re c.
TOUTES....... adj. ind. f. p. dét. *excuses.*
CES........... adj. dém. f. p. det. *excuses.*
EXCUSES...... nom. com. f. p suj. de *sont.*
SONT.......... v. subs. au prés. de l'ind. 3e pers. du p. 4e c.
INUTILES...... adj. qual. f. p. qual. *excuses.*
UN........... adj. num. card. m. s. dét. *metre.*
MÈTRE........ nom com. m. s.
DE............ prép.
DRAP......... nom comm. m. s. comp. ind. de *mètre.*
L' (pour le)... art. elidé m. s. ann. que *espoir* est dét.
ESPOIR........ nom. com. m. s.
DE............ prép.
REVENIR...... v. neut. à l'inf. prés. 2e conj. comp. ind. de *espoir.*
LE........... art. simp. m. s. ann. que *travail* est dét.
TRAVAIL...... nom com. m. s. suj. de *est.*
EST........... v. subs. au prés. de l ind. 3e pers. du s. 4e c.
UN........... adj. num. card. m. s. dét. *trésor.*
TRÉSOR....... nom. com. m. s. att. de *travail.*
CES.......... adj. dém. m. p. det. *enfants.*
DEUX......... adj. num. card. m. p. dét. *enfants.*
ENFANTS...... nom. com. m. p. suj. de *sont.*
SONT......... v. subs. au prés. de l'ind. 3e pers. du p. 4e c.
MA........... adj. poss. f. s. dét. *consolation.*
SEULE......... adj. qual. f. s. qual. *consolation.*
CONSOLATION.. nom. com. f. s. att. de *enfants.*

Nous passâmes à travers les écueils. Nous ferons ensemble ce voyage. Tu n'es pas digne de combattre. L'amitié est une ame qui habite deux corps. Je pleure cette mere dont la perte sera si funeste à ses enfants. O rochers escarpés je n'ai que vous a qui je puisse me plaindre. Le nécessaire passe avant l'utile. Tu as commis une grande faute; sois-en repentant.

NOUS......... pron. pers. 1re p. du m. p. suj. de *passâmes.*
PASSAMES..... v. neut. au passé def. 1re pers. du p. 1re c.
A TRAVERS.... loc. prépositive.
LES........... art. simp. m. p. ann. que *écueils* est dét.
ÉCUEILS....... nom com. m. p. comp. ind. de *passâmes.*
NOUS......... pron. pers. 1re pers. du m. p. suj. de *ferons.*
FERONS....... v. act. au futur 1re pers. du p. 4e conj.
ENSEMBLE..... adv. mod. *ferons.*
CE............ adj. dém. m. s. dét. *voyage.*
VOYAGE....... nom com. m. s. comp. dir. de *ferons.*
TU............ pron. pers. 2e pers. du m. s. suj. de *es.*
NE PAS........ loc. adv. mod. *digne.*
ES............ v. subs. au pres. de l'ind. 2e pers. du s. 4e c.
DIGNE......... adj qual. m. s. qual. *tu.*
DE............ prep.
COMBATTRE.... v. neut. à l'inf. prés. 4e conj. comp. ind. de *digne.*
L' (pour la)... art. élidé f. s. ann. que *amitié* est dét.
AMITIÉ........ nom com. f. s. suj. de *est.*
EST........... v. subs. au prés. de l ind. 3e pers. du s. 4e c.
UNE........... adj. num. card. f. s. dét. *âme.*
AME.......... nom com. f. s. att. de *amitié.*
QUI........... pron. rel. 3e pers. du f. s. son ant. est *âme* suj. de *habite.*
HABITE........ v. act. au pres. de l'ind. 3e pers. du s. 1re c.
DEUX......... adj. num. card. m. p. det. *corps.*
CORPS......... nom com. m. p. comp. dir. de *habite.*
JE............ pron. pers. 1re pers. du m. s. suj. de *pleure.*
PLEURE....... v. act. au pres. de l'ind. 1re pers. du s. 1re c.
CETTE........ adj. dem. f. s. det. *mere.*
MÈRE......... nom com. f. s. comp. dir. de *pleure.*
DONT......... pron rel. 3e pers. du f. s. comp. ind. de *perte.*
LA........... art. sim. f. s. ann. que *perte* est det.
PERTE........ nom com. f. s. suj. de *sera.*

SERA........	v. subs. au futur 3e pers. du s. 4e conj.
SI............	conj.
FUNESTE......	adj. qual. f. s. qual. *perte.*
A.............	prép.
SES...........	adj. poss. m. p. dét. *enfants.*
ENFANTS......	nom com. m. p. comp. ind. de *funeste.*
O.............	interj.
ROCHERS	nom com. m. p. mis en apostrophe.
ESCARPÉS	part. passé m. p. qual. *rochers.*
JE............	pron. pers. 1re pers. du m. s. suj. de *ai.*
N' QUE........	loc. adv. mod. *ai.*
AI............	v. act. au prés. de l'ind. 1re pers. du s. 3e c.
VOUS..........	pron. pers. 2e p. du m. comp. dir. de *ai.*
A.............	prép.
QUI...........	pron. rel. 2e pers. du m. p. son ant. est *vous*, comp. ind. de *plaindre.*
JE............	pron. pers. 1re pers. du m. s. suj. de *puisse.*
PUISSE........	v. neut. au prés. du subj. 1re p. du s. 3e c.
ME	pron. pers. 1re pers. du m. s. comp. dir. de *plaindre.*
PLAINDRE	v. pron. à l'inf. prés. 4e conj. comp. ind. d'un mot sous-entendu.
LE	art. sim. m. s. ann. que *nécessaire* est dét.
NÉCESSAIRE ...	adj. qual. pris subs. m. s. suj. de *passe.*
PASSE.........	v. neut. au prés. de l'ind. 3e pers. du s. 1re c.
AVANT	prép.
L' (pour le)....	art. élidé m. s. ann. que *utile* est dét.
UTILE.........	adj. qual. pris subs. m. s. comp. ind. de passe.
TU	pron. pers. 2e p. du m. s. suj. de *as commis.*
AS COMMIS.....	v. act. au passé ind. 2e pers. du s. 4e conj.
UNE	adj. num. card. f. s. dét. *faute.*
GRANDE.......	adj. qual. f. s. qual. *faute.*
FAUTE	nom com. f. s. com. dir. de *as commis.*
SOIS	v. subs. à l'impératif 4e conj.
EN............	pron. pers. 3e pers. du m. s. comp. ind. de *repentant.*
REPENTANT....	adj qual. m. s. qual. *tu.*

www.ingramcontent.com/pod-product-compliance
Ingram Content Group UK Ltd.
Pitfield, Milton Keynes, MK11 3LW, UK
UKHW021111290826
14628UKWH00014B/1578

9 782013 543965